Christian Hamann

Friedrich Schiller
als Mensch und Dichter

SE**V**ERUS

Christian Hamann: Friedrich Schiller als Mensch und Dichter
Hamburg, SEVERUS Verlag 2012
Nachdruck der Originalausgabe von 1892

ISBN: 978-3-86347-313-6
Druck: SEVERUS Verlag, Hamburg, 2012

Der SEVERUS Verlag ist ein Imprint der Diplomica Verlag GmbH.

Bibliografische Information der Deutschen Nationalbibliothek:
Die Deutsche Nationalbibliothek verzeichnet diese Publikation in der Deutschen Nationalbibliografie; detaillierte bibliografische Daten sind im Internet über http://dnb.d-nb.de abrufbar.

© **SEVERUS Verlag**
http://www.severus-verlag.de, Hamburg 2012
Printed in Germany
Alle Rechte vorbehalten.

Der SEVERUS Verlag übernimmt keine juristische Verantwortung oder irgendeine Haftung für evtl. fehlerhafte Angaben und deren Folgen.

SEVERUS

Friedrich Schiller

als Mensch und Dichter.

„Zugleich ein Sänger und ein Held."

Ein volkstümlich dargestelltes Lebensbild

von

Chr. Hamann.

Hamburg.
Herold'sche Buchhandlung.
1892.

Vorwort.

Ein schlichtes, klares und ansprechendes Lebensbild unsers Lieblingsdichters zu zeichnen, war die Aufgabe, die der Verfasser zu lösen versuchte. Jede redliche Bemühung, einen Schiller allen deutschen Herzen näher und immer näher zu bringen, trägt ihre Rechtfertigung in sich selbst. Möge darum auch diese anspruchslose Arbeit freundlich aufgenommen werden!

Hamburg, im Februar 1892.

Der Verfasser.

Inhalt.

1. Kap.	Eltern und Kindheit	Seite	1
2. "	Auf der Karlsschule	"	10
3. "	Der Regimentsmedikus	"	18
4. "	Schillers Flucht aus Stuttgart	"	23
5. "	In der Fremde	"	36
6. "	Wanderjahre	"	54
7. "	Schiller und Lotte	"	67
8. "	Der Universitätsprofessor	"	78
9. "	Freud und Leid	"	86
10. "	Fern — und doch nah!	"	100
11. "	In der Heimat	"	108
12. "	Schiller und Goethe	"	118
13. "	Auf der Höhe	"	131
14. "	Vollendet und verklärt	"	155

Erstes Kapitel.
Eltern und Kindheit.

Der Mutterliebe zarte Sorgen
Bewachen seinen gold'nen Morgen.
Die Jahre fliehen pfeilgeschwind.

Der 10. November hat unserm deutschen Vaterlande drei seiner größten und besten Söhne geschenkt: Luther, Scharnhorst und Johann Christoph Friedrich Schiller. Letzterer wurde 1759 zu Marbach, einem württembergischen Städtchen am Neckar, im Hause seiner Großeltern geboren. Der Vater — Johann Kaspar Schiller — war württembergischer Offizier. Als Friedrich geboren wurde, hielt die strenge Pflicht des Dienstes jenen in der Ferne fest; erst im folgenden Frühjahr konnte er seinen einzigen Sohn freudig bewegt ans Herz schließen. Unsers Dichters Vater, ein mittelgroßer, kräftig gebauter Mann, war ein braver Mensch: wohldenkend, gewissenhaft, strenge gegen sich selbst und wahrhaft fromm. Durch eisernen Fleiß suchte er die Lücken seiner mangelhaften Schulbildung auszufüllen. In einem seiner hinterlassenen Aufsätze findet sich folgende, in mehrfacher Hinsicht für diesen Ehrenmann bezeichnende Stelle: „Und du, Wesen aller Wesen, dich hab' ich nach der Geburt meines einzigen Sohnes gebeten, daß du demselben an Geistesstärke zulegen mögest, was ich selbst aus Mangel an Unterricht nicht habe erreichen können." Selten wohl mag ein Gebet herrlicher in Erfüllung gegangen sein!

Friedrich Schiller hatte aber auch — wie fast alle großen Männer — eine vortreffliche Mutter. Ein Jugendfreund unsers Dichters sagt von ihr: „Sie war ganz das Portrait ihres Sohnes in Statur und Gesichtsbildung, nur daß das liebe Gesicht ganz weiblich milde war. Nie habe ich ein besseres Mutterherz, ein trefflicheres, häuslicheres, weiblicheres Weib gekannt." Ein anderer schildert ihr Äußeres folgendermaßen: „Diese edle Frau war groß, schlank und wohlgebaut; ihre Haare waren blond, beinahe rötlich, die Augen etwas kränklich. Ihr Gesicht war von Sanftmut und tiefer Empfindung belebt, die breite Stirn kündigte eine denkende Frau an." — So erblicken wir in Schillers Eltern ein Paar, auf welches die herrlichen Worte des Sohnes volle Anwendung finden:

„Wo das Strenge mit dem Zarten,
Wo Starkes sich und Mildes paarten,
Da giebt es einen guten Klang."

Friedrich Schiller war ein zartes Kind und hatte viele Krankheiten zu überstehen. Besonders waren es die ersten vier Lebensjahre, in denen sein Gesundheitszustand dem zärtlichen Mutterherzen oft große Sorge machte, umsomehr, da die Mutter hinsichtlich der Pflege und Erziehung ihrer Kinder fast nur auf sich selbst angewiesen war. Erst im Jahre 1765 wurde es ihrem Manne, der mittlerweile zum Hauptmanne befördert worden war, gestattet, seinen Wohnsitz in dem nahe der bayrischen Grenze belegenen Dorfe Lorch zu nehmen; hier erst konnte er sich dauernd mit seiner Familie vereinigen. So viel wie möglich beschäftigte er sich mit seinen Kindern; namentlich verstand er es, durch Erzählungen aus der Geschichte ihre jugendliche Phantasie anzuregen. Der kleine Friedrich folgte ihm stets mit der lebhaftesten Aufmerksamkeit; auch machte es ihm Freude, wenn der Vater geeignete Abschnitte aus der Bibel vorlas. „Es war ein rührender Anblick," erzählt seine zwei Jahre ältere Schwester Christophine, „den Ausdruck von Andacht auf dem lieblichen Kindergesicht zu sehen. Die frommen blauen Augen gen Himmel gerichtet, das lichtgelbe Haar, das die Stirn umwallte, und die kleinen mit Inbrunst gefalteten Hände gaben ihm das Ansehen eines Engelsköpfchens. — Seine Folgsamkeit und sein natürlicher zarter Sinn für alles Gute und Schöne zogen unwiderstehlich an. Immer liebreich gegen seine Geschwister und Gespielen, immer bereit, ihre Fehler zu entschuldigen, war er aller Liebling."

Hier in Lorch erhielt Friedrich den ersten lateinischen Unterricht von dem Pfarrer Moser, dessen gleichalteriger Sohn Ferdinand sein erster Jugendfreund war; in der Dorfschule lernten sie miteinander lesen und rechnen. Schiller hat dem genannten würdigen Manne ein prächtiges Denkmal in seinen „Räubern" gesetzt: ein Pfarrer Moser ist es, der dem Verbrecher Franz Moor das Gewissen mächtig zu erschüttern versteht. Mosers Persönlichkeit war es auch ohne Zweifel, die in dem Knaben den Wunsch rege machte, Prediger zu werden. Und er ist es geworden, wenn auch in einem andern, weiteren Sinne! — Über die ersten Predigtübungen des kleinen Bruders berichtet Christophine folgendes: „Oft stieg er auf einen Stuhl und fing an zu predigen. Mutter und Schwester mußten ihm eine schwarze Schürze umbinden und ein Käppchen aufsetzen. Dabei sah er sehr ernsthaft aus.

Was zugegen war, mußte ihm zuhören und wenn jemand lachte, ward er unmutig, lief fort und ließ sich so leicht nicht wieder sehen. Diese kindischen Vorträge hatten immer einen richtigen Sinn. Er reihte einige Sprüche, die er in der Schule gelernt, passend zusammen und trug sie mit Nachdruck vor; auch hatte er sich aus den Predigten des Pfarrers gemerkt, daß diese eine Einteilung haben müssen, und er gab seinen kindlichen Vorträgen immer diese gehörige Form."

Von Lorch wurde Schillers Vater nach Ludwigsburg versetzt, welche Stadt der damalige Herzog Karl Eugen zu seiner Residenz gemacht hatte. Hier besuchte Friedrich die lateinische Schule. Mannigfache neue und bedeutsame Eindrücke wirkten auf die junge, empfängliche Seele. Besonders war es das mit großer Pracht ausgestattete herzogliche Theater, das ihn mächtig anzog. Eine neue Welt ging da vor seinen Augen auf. Die prächtigen Dekorationen, die stolz auftretenden Schauspieler, die zahlreichen geputzten Tänzerinnen, das ganze blinkende und rauschende Bühnenleben nahm seine Einbildungs= kraft in hohem Grade gefangen. Bald fing er an, alle diese glänzenden Dinge in seiner Weise nachzuahmen. Dabei mußte ihm die Schwester, die gut zeichnete, thatkräftige Hülfe leisten. Während er die erforderlichen Schauspiele dichtete, mußte sie nicht nur die Coulissen malen, sondern auch die Bühnenhelden und -Heldinnen aus Pappe ausschneiden. Leere Stühle bildeten das Theaterpublikum; der Stubentisch war die Bühne, eine Schürze der Vorhang. — Wer hätte damals wohl gedacht, daß der achtjährige kleine Theaterdirektor dereinst als Deutschlands erster Dramendichter gefeiert werden würde?

In der lateinischen Schule zu Ludwigsburg gehörte Friedrich immer zu den besten Schülern der Klasse. Besonders der Wunsch, seinem Vater Freude zu machen, bewog ihn zu fleißiger Arbeit. Daneben streifte er wie in Lorch gern in Feld und Wald umher. Wie groß aber war sein Jubel, wenn die Mutter ihn und die Schwester einmal an einem Sonntage mitnahm zum Besuch der Großeltern in Marbach! Auf solchen Wegen, die durch die herrlichsten Landschaften des lieblichen Neckarthales führten, empfing das Knabengemüt die allerbedeutsamsten Eindrücke. „Einst," erzählt Christophine, „da wir mit der Mutter zu den lieben Großeltern gingen, nahm sie den Weg von Ludwigsburg über den Berg. Es war ein schöner Ostermontag, und die Mutter teilte uns unterwegs die Geschichte von den Jüngern mit, denen sich auf ihrer Wanderung nach Emmaus Jesus zugesellt hatte. Ihre Rede und Erzählung wurde immer begeisterter, und als wir auf den Berg kamen, waren wir alle so gerührt, daß wir niederknieten und beteten."

Einen nicht zu unterschätzenden Einfluß übten die zahlreichen geschichtlichen Denkmäler, an denen seine Kindheitsstätten reich waren, auf die geistige Entwicklung des Knaben aus. Auch darin wußte der verständige Vater dem Sohne manche Anregung zu geben. Die Gräber der Hohenstaufen in der uralten Kirche zu Lorch, bei denen Friedrich gern weilte, boten beispielsweise Veranlassung, von diesem Heldengeschlechte, seiner herrlichen Blüte und seinem erschütternden Untergange zu erzählen. So erweiterte sich schon früh der Horizont des Knaben; die engen Schranken der Gegenwart durchbrechend, nahm sein vorauseilender Geist beizeiten jene weltbürgerliche Richtung, die seine Dichtung ja vor allem auszeichnet. — Oft, wenn er von großen Ereignissen und fernen Zonen erzählen hörte, konnte er begeistert ausrufen: „Vater, ich muß in die Welt! Auf einem Punkt der Welt bin ich; die Welt selbst kenne ich noch nicht." Und wenn dann die Mutter ihn auf den bekannten Spruch verwies: Bleibe im Vaterlande und nähre dich redlich! erwiderte er mit glühenden Wangen: „Vaterland! Haben wir denn ein anderes als die Welt? Wo es Menschen giebt, da ist das Vaterland!"

Mit dieser Geistes- und Gemütsrichtung verband sich schon in frühester Jugend eine nicht minder ungewöhnliche Kühnheit und Furchtlosigkeit. Einst — er mochte kaum acht Jahre zählen — vermißte man ihn beim Abendessen. Ein strenges Gewitter war eben heraufgezogen; grelle Blitze durchzuckten die Luft. Die Angst der Eltern ward immer größer; vergeblich durchsuchte man das ganze Haus wieder und wieder. Doch sieh! plötzlich bemerkt man ihn, wie er aus dem Wipfel der vor dem Hause stehenden hohen Linde hinabzusteigen sich anschickt. Auf die Frage des Vaters, was er da gemacht habe, entgegnete er unbefangen: „Ich mußte doch wissen, woher das viele Feuer am Himmel kam!"

Ist's nicht, als ob bereits der Knabe „aus der Wirklichkeit engen Schranken" ins Reich des Ewigen und Unermeßlichen vorzudringen strebte?

Zahlreich sind die Züge aus des Dichters Kindheit, die uns von seiner Herzensgüte und einem fast leidenschaftlichen Triebe zum Wohlthun berichten. Fast nichts, was er sein eigen nannte, war ihm zu kostbar, um es an Notleidende zu verschenken. Einst waren seine silbernen Schuhschnallen verschwunden, und als der Vater ihn deswegen zur Rede stellte, antwortete Friedrich: „Ich habe sie einem armen Jungen gegeben, der sie nur am Sonntag trägt. Ich habe ja für den Sonntag noch ein Paar andere." Und als er einst mit seiner Schwester im Walde weilte, schenkte er einem armen Knaben, der ein schweres Holzbündel schleppte, sein ganzes Taschengeld nebst einer silbernen Schaumünze, die er sehr wert hielt. Wenn sich solche Herzensgüte schon beim Kinde zeigt, wie sollte da wohl dem ausgereiften Charakter dieser edle Schmuck fehlen! Ein englisches Sprichwort sagt mit Recht: „Das Kind ist des Mannes Vater."

Zweites Kapitel.
Auf der Karlsschule.

*Früh übt sich,
Was ein Meister werden will.*

In der Nähe von Stuttgart besaß der Herzog Karl Eugen von Württemberg ein Lustschloß: die Solitude. Dieses ließ er in eine Erziehungsanstalt umwandeln, welcher er zuerst den Namen „Militärische Pflanzschule" gab, da er die Absicht hatte, in derselben Offiziere, namentlich Söhne von Adeligen, heranzubilden. Später erweiterte er die Anstalt zu einer Akademie, in welcher auch Juristen, Ärzte und Künstler der verschiedenen Kunstgattungen ausgebildet werden konnten. Im Jahre 1775 verlegte der Herzog die von ihm heißgeliebte Akademie nach Stuttgart; sie wurde meistens kurzweg „Karlsschule" genannt.

Als Friedrich Schiller kaum vierzehn Jahre alt war, wurde auch er 1773 in diese Anstalt aufgenommen. Er sowohl als seine Eltern folgten nur dem ausdrücklichen Willen des Herzogs, und mit schwerem Herzen sagte Friedrich dem sehnlichen Wunsche Valet, Theologie zu studieren. Er wählte nun die Rechtswissenschaft,

— Auf der Karlsschule —

und als dieses Studium ihn völlig unbefriedigt
ließ, die Medizin. Es mochte ihm indes zum
Troste gereichen, daß die Eltern hier in seiner
Nähe weilten; der Vater war nämlich zum Auf-
seher der herzoglichen Gartenanlagen auf der
Solitude ernannt worden. Freilich durften die
Karlsschüler ihre Eltern nur selten besuchen.
So gut Herzog Karl es auch mit seiner Anstalt
meinte, so wenig verstand er es, den rechten
Geist in derselben zu pflegen und seinen Zöglingen das erforderliche Maß persönlicher Freiheit zu gewähren. Zum Glück unterrichtete
hier eine Anzahl vortrefflicher Lehrer; wohl
nur diesem Umstande ist es zuzuschreiben, daß
die teilweise den vornehmsten Familien an-
gehörenden Jünglinge den harten Zwang des
Anstaltslebens ertrugen und vertrugen. Der
unglückliche Dichter Schubart, den der erzürnte
Herzog seiner freien Äußerungen wegen zehn
Jahre lang in dem Kerker des Hohenasperg
schmachten ließ, nannte die Anstalt: „die Sklaven-
plantage auf der Solitude." — Dem hoch-
fliegenden und freiheitdürstenden Geiste Schillers
konnte der strenge militärische Drill, den der
Herzog eingeführt hatte, selbstverständlich am
wenigsten zusagen. Kein Wunder, daß er sich

— Zweites Kapitel —

mit um so größerer Innigkeit teilnehmenden und sinnesverwandten Freunden anschloß. Unter ihnen ist besonders Friedrich von Hoven zu nennen, der schon in Ludwigsburg sein Mitschüler war; außerdem gehörten Georg Scharffenstein und Johann Wilhelm Petersen zu seinen engeren Freunden. Vor allem war ihnen die begeisterte Liebe zur Poesie gemeinsam; mancher dichterische Versuch unsers Schiller verdankt diesem Freundeskreise seine Entstehung. Einen derselben — „Der Abend" — hielt sein Lehrer Prof. Balthasar Haug für bedeutend genug, in der von ihm herausgegebenen Zeitschrift gedruckt zu werden. Dieses Gedicht zeigt bereits den hohen Gedankenflug und die tiefe Empfindung des großen Dichters. Es beginnt folgendermaßen:

Die Sonne zeigt, vollendend gleich dem Helden,
Dem tiefen Thal ihr Abendangesicht,
(Für andre, ach! glückſel'gere Welten
Ist das ein Morgenangesicht;)
Sie sinkt herab vom Himmel,
Ruft die Geschäftigkeit zur Ruh',
Ihr Abschied stillt das Weltgetümmel,
Und winkt dem Tag sein Ende zu.
Jetzt schwillt des Dichters Geist zu göttlichen Gesängen,
Laß strömen sie, o Herr, aus höherem Gefühl,
Laß die Begeisterung die kühnen Flügel schwingen
Zu dir, zu dir, des hohen Fluges Ziel!

Mich über Sphären, himmelan gehoben,
Getragen sein von herrlichem Gefühl,
Den Abend und des Abends Schöpfer loben,
Durchströmt von paradiesischem Gefühl!
Für Könige, für Große ist's geringe,
Die niederen besucht es nur —
O Gott, du gabest mir Natur,
Teil' Welten unter sie — nur Vater, mir Gesänge!
u. s. w.

Auf ein solches Dichtergemüt mußte natürlich ein Werk wie Klopstocks „Messias" von außerordentlicher Wirkung sein. Der erste größere Gegenstand, an welchem der kaum fünfzehnjährige Schiller sich versuchte, war daher „Moses," dessen gewaltige Persönlichkeit er in Klopstock'schem Geiste zu erfassen und zu behandeln unternahm; er hat das Gedicht freilich nicht beendigt. Von größtem Einfluß auf seine dichterische Entwicklung wurde Wielands Shakespeare-Übersetzung, für welche er seinem Freunde Hoven mit Freuden eine Reihe von Lieblingsgerichten abtrat. Shakespeare weckte in ihm den schlummernden dramatischen Dichter. Wie groß mag aber Schillers Schmerz gewesen sein, als der genannte köstliche Schatz eines Tages aus seinem Bücherschranke verschwunden war! Der Herzog wollte von solchen poetischen Büchern bei seinen Zöglingen so wenig wissen als von — Butterbrezeln, die gleichfalls verpönt waren. Darum wurden dergleichen verbotene und eingeschmuggelten Dinge sofort mit Beschlag belegt, wenn das Späherauge eines Aufsehers sie in noch so dunkler Ecke entdeckte. — Armer Schiller! — Aber sieh! Ein freundlicher Hoffnungsstern macht das trübe Auge des Dichterjünglings wieder aufleuchten! Sein Lieblingslehrer, Professor Abel, der auch ihn ins Herz geschlossen, besitzt, wie er weiß, ebenfalls einen Shakespeare. Und gern zeigt sich dieser bereit, ihm „zum Behufe seiner psychologischen Studien" sein Exemplar zu leihen, und somit ist der Verlust des eigenen leichter zu verschmerzen.

Ehe wir unsern Helden auf seiner jungen, dornenvollen Schriftstellerlaufbahn weiter begleiten, wollen wir uns einmal seinen äußeren Menschen vergegenwärtigen. Allzu schön darf man sich den langaufgeschossenen Karlsschüler schon nicht vorstellen. Selbst sein Freund Scharffenstein entwirft von ihm keine sehr schmeichelhafte Schilderung; er sagt: „Schiller war für sein Alter lang, hatte Beine, beinahe durchaus mit den Schenkeln von einem Kaliber,

war sehr langhalsig, blaß, mit kleinen, rot=
umgrenzten Augen. Und nun dieser ungeleckte
Kopf voll Papilloten mit einem enormen Zopf!"
Man denke sich diese Gestalt in einer Uniform
von blauer Farbe mit Kragen und Ärmelauf=
schlägen von schwarzem Plüsch, die Knöpfe
übersilbert, weiße Weste, weiße Hose, weiße
Strümpfe, dazu Schuhe mit übersilberten
Schnallen. Am wunderlichsten an der ganzen
Erscheinung aber war doch die Frisur: die
Haare auf dem Scheitel kurz geschoren, an
beiden Seiten dagegen zu mächtigen Walzen
aufgerollt — hinten ein langer, falscher Zopf!
Das muß schön gewesen sein. Ein anderer
Mitschüler urteilt: „Schiller ist gewiß ein guter
Christ, aber nicht gar reinlich." In der That
eine recht betrübende Entgegenstellung! Alle
aber rühmen seinen Fleiß, seine Bescheidenheit;
einer sagt: „Er ist sehr schüchtern, sehr freund=
lich und mehr in sich selbst als äußerlich ver=
gnügt." Seine Haltung war etwas gebückt,
sein Gang aber stolz und würdevoll. Eine
Frau, die einst ihren Sohn auf der Solitude
besuchte, sagte, als sie Schiller vorüber schreiten
sah: „Der bildet sich wohl ein, daß er bei=
nahe so viel ist als der Herzog!" Herzog Karl

— Zweites Kapitel —

aber hielt viel auf Schiller, und als die Lehrer sich einst über dessen eigenartiges Wesen beklagten, sprach er die prophetischen Worte: „Laßt mir diesen gewähren; aus dem wird etwas!"

Wie es aber in den letzten Jahren seines Aufenthaltes auf der Karlsschule im Kopfe seines Zöglings aussah, was in seinem Feuergeiste alles gor, drängte, stürmte und ans Licht strebte, hat der Herzog sicher nicht geahnt. Im Jahre 1777 begann Schiller die Arbeit an einem gewaltigen dramatischen Gedicht, das nachmals tausende von Menschenherzen in ihren Grundtiefen wieder und wieder erschütterte und das seinen Zauber, seine hinreißende Kraft, namentlich auf die Jugend, auch heute noch ausübt. Dieses in unserer Litteratur einzig dastehende Erzeugnis ist das Trauerspiel: „Die Räuber." Es ist hervorgegangen aus der Seele eines Jünglings, der unter drückenden und unwürdigen äußeren Verhältnissen den köstlichen Wert der Freiheit um so höher schätzt und sie um so schmerzlicher ersehnt. Es schildert den furchtbaren Kampf des Großen, Hohen und Edlen mit dem Niederen und Gemeinen — sowohl im Herzen des einzelnen Menschen, als in der großen Welt, in welcher Gerechte und

Ungerechte unter einander leben. Himmelhohe Tugend und höllentiefes Laster, edelste Selbstverleugnung und gemeinste Selbstsucht — die krassesten Gegensätze werden hier in einer bis dahin nie vernommenen, ungezügelten Sprache zur Darstellung gebracht. So ist dieses Drama entstanden und geboren „aus Sturm und Drang." Der Dichter vollendete es im Jahre 1780.

Selbstverständlich durfte niemand außer den vertrautesten Freunden um die Entstehung dieses Gedichts wissen, dessen Inhalt weit über alle gewohnten und erlaubten Schranken hinausging. Schillers Schwester erzählt: „Die Zöglinge der Akademie durften abends nur bis zu einer bestimmten Stunde Licht brennen. Da gab sich Schiller, dessen Phantasie in der Stille der Nacht besonders lebhaft war, und der in den Nächten gern sich selbst lebte, was der Tag nicht erlaubte, oft als krank an, um in dem Krankensaal die Vergünstigung einer Lampe zu genießen. In solcher Lage wurden „Die Räuber" zum Teil geschrieben. Manchmal visitierte der Herzog den Saal; dann fuhren „Die Räuber" unter den Tisch; ein unter ihnen liegendes medizinisches Buch erzeugte den Glauben, Schiller benutze die schlaflosen Nächte für seine Wissenschaft."

Drittes Kapitel.
Schiller als Regimentsmedikus.

> Ach, wie schön muß sich's ergehen
> Dort im ew'gen Sonnenschein,
> Und die Luft auf jenen Höhen,
> O, wie labend muß sie sein!

Im Jahre 1780 wurde der Karlsschüler Friedrich Schiller nach bestandener Prüfung für reif erklärt, aus der Anstalt entlassen zu werden. Der Herzog ernannte ihn nun zum Regiments= medikus mit achtzehn Gulden monatlichem Ge= halt. Seine dienstliche Stellung war eine höchst unerquickliche; die so heiß ersehnte Freiheit blieb ihm fast in demselben Maße wie zuvor versagt. Ohne Erlaubnis seines Generals durfte er die Stadt nicht verlassen; der militärische Rang, den er bekleidete, war unter dem des jüngsten Offiziers; frühere Mitschüler, wie Scharffenstein, der Lieutenant geworden, waren ihm vorgesetzt. Täglich das Lazarett besuchen und dann seinem General auf der Wachtparade Bericht erstatten — von solcher Art waren die Anforderungen, die der öde und geisttötende Tagesdienst an ihn stellte. Wie hätte ein Schiller, dessen Wesen nach dem Ausspruch eines seiner Freunde nicht

den mindesten Zwang vertrug, sich unter solchen
Verhältnissen wohl glücklich fühlen können!

Wieder gewährte die Poesie ihm Zuflucht
und Trost. Ein Gedicht, das er auf den Tod
eines früh verstorbenen Freundes verfaßte,
spiegelt seine Gemütsstimmung in dieser traurigen
Zeit wieder. In demselben heißt es:

„Aber wohl Dir! Köstlich ist Dein Schlummer,
Ruhig schläft sich's in dem engen Haus.
Mit der Freude stirbt hier auch der Kummer,
Röcheln auch der Menschen Qualen aus.
Über Dir mag die Verleumdung geifern,
Die Verführung ihre Gifte spei'n,
Über Dich der Pharisäer eifern,
Manche brüllend Dich der Hölle weih'n,
Gauner durch Apostelmasken schielen
Und die Falsche, die Gerechtigkeit,
Wie mit Würfeln so mit Menschen spielen,
Und so fort bis hin zur Ewigkeit.

Wohl Dir, wohl in deiner schmalen Zelle,
Diesem komisch-tragischen Gewühl,
Dieser ungestümen Glückeswelle,
Diesem possenhaften Lottospiel,
Diesem faulen fleißigen Gewimmel,
Dieser arbeitsvollen Ruh',
Bruder! — diesem bosheitsvollen Himmel
Schloß Dein Auge sich auf ewig zu."

Aber der Geist Schillers war zu kraftvoll und sein Herz zu edel, als daß die Erbitterung über ihn hätte Herr werden können. Gerade darum ist Schiller so groß und bewundernswert, weil er in jeder Lage des Lebens und auch nach den allerschmerzlichsten Erfahrungen sich selbst und seinem erhabenen Berufe treu blieb. Goethe hat viele Jahre später mit unvergleichlicher Kürze den Kern seines Wesens in den Versen charakterisiert:

„Hinter ihm, in wesenlosem Scheine,
Lag, was uns alle bändigt, das Gemeine."

Schillers Lage wurde noch dadurch verschlimmert, daß er „Die Räuber" auf eigene Kosten drucken ließ; durch diesen Schritt stürzte er sich nämlich in eine für ihn recht bedeutende Schuldenlast. Vergebens hatte er sich nach einem Verleger für sein Drama umgesehen; keiner wollte das Wagnis auf sich nehmen, dieses durch und durch revolutionäre Stück herauszugeben. Die Veröffentlichung desselben im Jahre 1781 brachte freilich eine ungeahnte Wirkung hervor. Der unbekannte Regimentsmedikus wurde mit einem Schlage ein berühmter Mann, dem vor allem die deutsche Jugend zujubelte. Nicht selten ließ sich ein vornehmer Besucher

Stuttgarts herab, dem Dichter seine Aufwartung
zu machen und ihm Schmeichelhaftes über sein
Werk zu sagen. Was mögen diese Herren für
Augen gemacht haben, wenn sie die mehr als
bescheidene Junggesellenwohnung des Berühmten
sahen! Scharffenstein erzählt in einer Schilde=
rung jener Tage: „Wir waren arm und
hatten meistens gemeinschaftlich frugale, aber
durch gute Laune sehr gewürzte Abendmahl=
zeiten, die wir selbst bereiten konnten, denn eine
Knackwurst und Kartoffelsalat war alles. Der
Wein war freilich ein schwieriger Artikel, und
noch sehe ich des guten Schillers Triumph, wenn
er uns mit einigen Dreibätznern aus dem Er=
löse seines „Magazins" überraschen und erfreuen
konnte; da war die Welt unser. So blieb es
eine gute Weile, doch fing nach und nach das
Meteor am litterarischen Himmel zu zünden an.
Ich erinnere mich, daß einige Belesprits in
schöner Equipage vor das Quartier angefahren
kamen. So schmeichelhaft ein solcher Zuspruch
nachher dünkte, war er doch im ersten Augen=
blick nicht sehr erbaulich, denn man befand sich
in dem größten, nichts weniger als eleganten
Negligé, in einem nach Taback und allerhand
stinkenden Loche, wo außer einem großen Tische,

zwei Bänken und an der Wand hängenden schmalen Garderobe, angestrichenen Hosen ꝛc. nichts anzutreffen war, als in einem Eck ganze Ballen „der Räuber," in dem andern ein Haufen Kartoffeln mit leeren Tellern, Bouteillen und dergl. untereinander. Eine schüchterne, stillschweigende Revue dieser Gegenstände ging jedesmal dem Gespräch voran."

Viertes Kapitel.
Schillers Flucht aus Stuttgart.

> All' mein Erbteil, meine Habe
> Warf ich fröhlich glaubend hin,
> Und am leichten Pilgerstabe
> Zog ich fort mit Kindersinn.

Am 13. Januar 1782 verkündigte in der damals kurpfälzischen Stadt Mannheim der an den Straßenecken klebende Theaterzettel, daß abends „präcise 5 Uhr auf der hiesigen Nationalbühne aufgeführt werden „Die Räuber," ein Trauerspiel in 7 Handlungen, für die Mannheimer Nationalbühne von dem Verfasser Herrn Schiller neu bearbeitet." Schiller selbst war bei dieser ersten Aufführung seines Erstlingsdramas zugegen; freilich hatte er die Reise nach Mannheim gemacht, ohne sich den vorschriftsmäßig dazu nötigen Urlaub zu erbitten.

Mit hochgespannter Erwartung drängten sich die Theaterbesucher — selbst aus weiter Ferne — zu den Plätzen; bereits um 1 Uhr mittags waren alle Räume dicht besetzt. Eben vor dem Aufziehen des Vorhanges nahm der Dichter — allen unbekannt — den ihm vorbehaltenen Platz ein. Wie mag sein Herz geklopft haben, als er die Blicke über das Publikum schweifen ließ!

Die nächsten Stunden sollten über die Aufnahme eines Geisteswerkes entscheiden, das er gewissermaßen mit seinem Herzblute geschrieben hatte.

Die besten Rollen waren in den Händen der tüchtigsten und berühmtesten Schauspieler. Die ersten drei Akte brachten freilich keine bedeutende Wirkung hervor, aber dann trat ein völliger Umschwung ein. Mit dem Feuer der Schauspieler wuchs die Begeisterung der Zuschauer, und als um 10 Uhr der Vorhang zum letzten Mal fiel, brach ein Beifallssturm aus, wie er hier noch nie erlebt worden. Ein festliches Mahl, welches dem Dichter zu Ehren seitens der Theaterleitung veranstaltet wurde, brachte ihn zu den Darstellern in nähere Beziehung und beschloß diesen bedeutungsvollen Tag in erhebender Weise.

Man kann sich vorstellen, wie dem Dichter zu Mute sein mochte, als er nach solchen Erlebnissen wieder in die engen und bedrückenden Verhältnisse des Dienstes zurückkehren mußte. Doch eine Hoffnung hielt ihn aufrecht: der hochangesehene Intendant der Mannheimer Bühne,

Freiherr von Dalberg, hatte ihm das feste Versprechen gegeben, daß er sich für ihn beim Herzog verwenden und seine Entlassung aus dem württembergischen Staatsdienste zu bewirken suchen wolle. Leider erfüllte der vornehme Freiherr schlecht genug, was er versprach — trotz der rührenden Bitten Schillers, die dieser ihm in zahlreichen Briefen vortrug. Immer unhaltbarer erschien dem unglücklichen Dichter seine Stellung in Stuttgart; immer lauter sprach eine Stimme in seinem Herzen, daß er für einen anderen, höheren Beruf bestimmt sei als derjenige war, den er gegenwärtig notgedrungen und widerwillig ausübte.

Dazu kam, daß er die Ungnade seines Fürsten bald in herber Weise an sich erfahren mußte. Eine zweite, in Gesellschaft mehrerer Freundinnen unternommene heimliche Reise nach Mannheim wurde seinem Vorgesetzten, dem General Augé, verraten. Auch erregte eine Stelle in den „Räubern," wo das Graubündnerland als ein „Spitzbubenklima" und „Gaunerathen" bezeichnet wurde, das Mißfallen eines schriftstellernden Bewohners dieses Ländchens. Derselbe brachte das in seinen Augen so große Vergehen des schwäbischen Dichters in die Zeitungen. Hämische Zungen trugen die ganze Geschichte vor die Ohren des ohnehin erzürnten Herzogs, der nun auch Kunde von der zweimaligen unerlaubten Reise Schillers nach Mannheim erhielt. Karl Eugen ließ den ehemaligen Zögling vor sich bescheiden. Mit größter Strenge und Härte trat er ihm entgegen, warf ihm Undankbarkeit und Pflichtverletzung vor und schloß mit den drohenden Worten: „Jetzt geh' Er, und ich sag' Ihm, Er läßt inskünftige keine anderen, durchaus keine anderen Schriften mehr drucken als medizinische! Hat Er mich verstanden? Ich sag' Ihm, Er schreibt keine Komödien mehr, bei Kassation und Festungsstrafe!" Endlich befahl er Schiller, nach der Hauptwache zu gehen, seinen Degen abzugeben und einen Arrest von 14 Tagen anzutreten.

Während der Dichter seine Strafe verbüßte, mag ihm zuerst der Gedanke gekommen sein, sich aus den immer unerträglicher werdenden Stuttgarter Verhältnissen durch die Flucht zu befreien. Ungern freilich entschloß er sich — schon aus Rücksicht auf die geliebten, vom Herzog völlig abhängigen Eltern — zu einem solchen gewaltsamen Schritt. Noch wollte er einen

gütlichen Ausgleich herbeizuführen suchen. In
demütigster Weise bat er den Herzog in einer
schriftlichen Eingabe um die Erlaubnis, auch
„ferner litterarische Schriften bekannt machen
zu dürfen;" er wolle auch „alle Produkte einer
scharfen Censur unterwerfen." Vergebens. Der
Herzog schlägt alles rundweg ab und läßt dem
Dichter sogar „bei Strafe des Arrestes" ver=
bieten, irgend ein Schreiben an ihn zu richten.
Wochen vergehen. Schillers flehentliche Bitte
an Dalberg, für ihn einzutreten, bleibt unerfüllt.
Nirgends ein Hoffnungsstrahl. Die Gegenwart
unerträglich, lichtlos die Zukunft! Wie mag
es unter solchen Verhältnissen wohl im Gemüt
des edlen Menschen ausgesehen haben, der ver=
geblich rang und kämpfte, um der inneren
Stimme, den Sternen in seiner Brust, folge
leisten zu können!

Doch ein höchster Schatz war ihm ge=
blieben: eine Freundesseele, treu wie Gold und
ihm mit schwärmerischer Liebe ergeben. Es
war Andreas Streicher, ein junger Musiker.
Von ihm besitzen wir ein köstliches Buch:
„Schillers Flucht aus Stuttgart und Aufenthalt
in Mannheim." Es ist ein Denkmal seiner
Freundschaft, ein ergreifendes Zeugnis uneigen=

nützigster Hingebung. Fortan legen wir Streichers Erzählung unserer Darstellung der nun folgenden wichtigen Episode in Schillers Leben zu Grunde.

Bald nach ihrer Bekanntschaft entstand zwischen den beiden jungen Männern ein Freundschaftsverhältnis, das sich auf unbegrenztes gegenseitiges Vertrauen gründete. Die natürliche Folge war, daß die unglückliche Lage Schillers und sein Fluchtplan unerschöpfliche Gegenstände ihrer Unterredung wurden. Auch seine Schwester weihte der Dichter in das Geheimnis ein, endlich auch die Mutter; dagegen mußte seinem Vater die ganze Sache verschwiegen werden, damit er nötigenfalls sein Ehrenwort geben könne, von derselben nichts gewußt zu haben.

Mit Anspannung aller Kräfte widmete der Dichter sich zunächst der Vollendung seines zweiten Trauerspiels „Fiesko." Er wollte nicht mit leeren Händen als hülfesuchender Flüchtling vor Dalberg hintreten, auf den er trotz der trübsten Erfahrungen immer noch seine ganze Hoffnung für die Zukunft baute. Sollte der einflußreiche Mann sich seiner nicht doch annehmen, wenn er sah, daß der junge Dichter wesentliche Fortschritte gemacht hatte?

Es traf sich für die Ausführung seiner

Pläne gut, daß um diese Zeit der Besuch hoher
Gäste, nämlich des Großfürsten Paul von Ruß=
land und dessen Gemahlin, einer Nichte des
Herzogs, in Stuttgart erwartet wurde. Groß=
artige Festlichkeiten, ausgedehnte Jagden, glän=
zende Illumination sollten dem Fürstenpaare
beweisen, wie sehr die kleine deutsche Residenz
sich durch sein Erscheinen geehrt wußte. Unter
dem Lärm und der Unruhe, die diese Festtage
notwendig hervorbringen mußten, hoffte Schiller
um so eher die Flucht verwirklichen zu können.

Der 21. September 1783 wurde als der
Tag festgesetzt, an dem diese unternommen
werden sollte. Andreas Streicher, der nach
Hamburg reisen wollte, um bei dem berühmten
Bach Musik zu studieren, stand dem Freunde
treu zur Seite. Er traf die nötigen Vor=
bereitungen und sorgte für den in allen prakti=
schen Dingen so unbeholfenen Schiller in wahr=
haft brüderlicher Weise.

Kurz vor seiner Abreise ging der Dichter
in Begleitung Streichers und einer befreundeten
Dame, der Gattin des Theaterregisseurs Meier
in Mannheim, nach der Solitude, um Abschied
von Eltern und Geschwistern zu nehmen. Wie
schwer ist dieser ihm geworden, und wie meister=

haft zeichnet der treue Freund das Bild des scheidenden Sohnes und Bruders!" Hören wir ihn selbst!

„Beim Eintritt in die Wohnung von Schillers Eltern befanden sich nur die Mutter und die älteste Schwester gegenwärtig. So freundlich auch die Hausfrau die Fremden empfing, so war es ihr doch nicht möglich, sich so zu bemeistern, daß Streicher die Unruhe nicht aufgefallen wäre, mit der sie ihn anblickte, und oft zu reden versuchte, ohne ein Wort hervorbringen zu können. Glücklicherweise trat bald der Vater ein, der durch Aufzählung der Festlichkeiten, welche auf der Solitude gehalten werden sollten, die Aufmerksamkeit so ganz an sich zog, daß sich der Sohn unvermerkt mit der Mutter entfernen und seine Freunde der Unterhaltung mit dem Vater überlassen konnte.

Nach einer Stunde kehrte Schiller zur Gesellschaft zurück, aber — ohne seine Mutter. Wie hätte diese sich zeigen können! Konnte und durfte sie auch den vorhabenden Schritt als eine Notwehr ansehen, durch die er sein Dichtertalent, sein künftiges Glück sichern und vielleicht einer unverschuldeten Einkerkerung vor=

beugen wollte, so mußte es ihr doch das Herz zermalmen, **ihren einzigen Sohn** auf immer verlieren zu müssen, und zwar aus Ursachen, die so unbedeutend waren, daß sie, nach den damaligen Ansichten, in jedem andern Staat ohne besondere Folgen geblieben wären. Und **dieser Sohn**, in welchem sie beinahe **ihr ganzes Selbst** erblickte, der schon an der mütterlichen Brust die sanfte Gemütsart, die milde Denkweise eingesogen zu haben schien — er hatte ihr von jeher nichts als Freude gewährt, sie sah ihn mit all' den Eigenschaften begabt, die sie so oft, so inbrünstig von der Gottheit für ihn erfleht hatte! Und nun? - Und wie schmerzhaft das **Lebewohl** von beiden ausgesprochen sein mußte, ersah man an den Gesichtszügen des Sohnes, sowie an seinen feuchten, geröteten Augen. Er suchte diese einem gewöhnlichen, ihn oft befallenden Übel zuzuschreiben und konnte erst auf dem Wege nach Stuttgart durch die zerstreuenden Gespräche der Gesellschaft wieder zu einiger Munterkeit gelangen."

Der festgesetzte Tag brach endlich an. Der treue Streicher war damit beschäftigt, die Habseligkeiten des Freundes nach seiner eigenen Woh-

nung zu schaffen; der Dichter machte seinen
letzten Berufsgang ins Lazarett; dann fing
auch er an zu packen. Da fielen ihm Klop=
stocks Oden in die Hände; er fing an, in dem
Lieblingsbuche zu lesen, versuchte ein Gegenstück
zu einer Ode, die ihn besonders fesselte, zu
dichten, und — vergaß alles darüber! Der
Freund drängte zur Eile; aber eine geraume
Zeit verging, ehe es ihm gelungen war, den
Dichter von seinem Gegenstande abzulenken und
wieder zu dem zurückzubringen, was die Gegen=
wart forderte.

„Abends 9 Uhr kam Schiller in die Woh=
nung Streichers mit einem Paar alten Pistolen
unter dem Kleide. Diejenige, welche noch einen
ganzen Hahn, aber keinen Feuerstein mehr hatte,
wurde in den Koffer gelegt; die andere mit
zerbrochenem Schloß in den Wagen gethan.
Daß aber beide nur mit frommen Wünschen
für Sicherheit und gutes Fortkommen geladen
waren, versteht sich von selbst. Der Vorrat an
Geld war bei den Reisenden nichts weniger als
bedeutend; denn nach Anschaffung der nötigen
Kleidungsstücke und anderer Sachen blieben
Schiller noch dreiundzwanzig und Streicher noch
achtundzwanzig Gulden übrig, welche von der

Hoffnung und dem jugendlichen Mut auf das zehnfache gesteigert wurden.

Nachdem der Wagen mit zwei Koffern und einem kleinen Klavier bepackt war, kam der schwere Kampf, den Schiller vor einigen Tagen bestanden, nun auch an Streicher, von seiner guten frommen Mutter Abschied zu nehmen. Auch er war der einzige Sohn, und die mütterlichen Sorgen ließen sich nur dadurch beschwichtigen, daß Schiller nicht nur die unveränderlichste Treue gegen seinen Freund gelobte, sondern auch versprach, in vierzehn Tagen wieder zurückzukommen und von der glücklich vollbrachten Reise Bericht geben zu wollen. Von Segenswünschen und Thränen begleitet, konnten die Freunde endlich um zehn Uhr nachts in den Wagen steigen und abfahren.

Der Weg wurde zum Eßlinger Thore hinaus genommen, weil dieses das dunkelste war und einer der bewährtesten Freunde als Lieutenant die Wache hatte, damit, wenn sich ja eine Schwierigkeit ergäbe, diese durch Vermittelung des Offiziers sogleich gehoben werden könne.

So gefaßt die jungen Leute auch auf alles waren und so wenig sie eigentlich zu fürchten

hatten, so machte dennoch der Anruf der Schild=
wache: „Halt! — Wer da! — Unteroffizier
heraus!" einen unheimlichen Eindruck auf sie.
Nach den Fragen: „Wer sind die Herren?
Wo wollen sie hin?" wurde von Streicher des
Dichters Name in Doktor Ritter und der
seinige in Doktor Wolf verwandelt, beide nach
Eßlingen reisend, angegeben und so aufgeschrieben.
Das Thor wurde nun geöffnet, die Reisenden
fuhren vorwärts, mit forschenden Blicken in die
Wachtstube des Offiziers, in der sie zwar kein
Licht, aber beide Fenster weit offen sahen. Als
sie außer dem Thore waren, glaubten sie einer
großen Gefahr entronnen zu sein, und gleich=
sam als ob diese wiederkehren könnte, wurden,
so lange als sie die Stadt umfahren mußten,
um die Straße nach Ludwigsburg zu gewinnen,
nur wenige Worte unter ihnen gewechselt. Wie
aber einmal die erste Anhöhe hinter ihnen lag,
kehrten Ruhe und Unbefangenheit zurück; das
Gespräch wurde lebhafter und bezog sich nicht
allein auf die jüngste Vergangenheit, sondern
auch auf die bevorstehenden Erlebnisse. Gegen
Mitternacht sah man links von Ludwigsburg
eine außerordentliche Röte am Himmel, und
als der Wagen in die Linie der Solitude kam,

zeigte das daselbst auf einer bedeutenden Erhöhung liegende Schloß mit allen seinen weitläuftigen Nebengebäuden sich in einem Feuerglanze, der sich in der Entfernung von anderthalb Stunden auf das überraschendste ausnahm. Die reine, heitere Luft ließ alles so deutlich wahrnehmen, daß Schiller seinem Gefährten den Punkt zeigen konnte, wo seine Eltern wohnten, aber alsbald, wie von einem sympathetischen Strahl berührt, rief er mit einem unterdrückten Seufzer aus: „Meine Mutter!"

Fünftes Kapitel.
In der Fremde.

Abend ward's und wieder Morgen,
Nimmer, nimmer stand ich still;
Aber immer blieb's verborgen,
Was ich suche, was ich will.

Die Freunde waren in dem ersehnten Mannheim angelangt. Am Morgen des 23. September wurde das Beste aus den Koffern hervorgesucht, um möglichst wohlanständig vor den Herren vom Theater zu erscheinen, auf deren freundliche Gesinnung und Beistand der Dichter seine Hoffnung setzte. Dalberg selbst war abwesend und weilte als Gast des Herzogs in Stuttgart. Zunächst sprachen die Freunde bei dem Theater-Regisseur Meier vor, der höchlich überrascht war, als der Dichter, den er sehr schätzte, sich ihm als Flüchtling vorstellte. Schillers gegenwärtige Lage und seine nächste Zukunft machten ihn recht besorgt; zwar ließ er den Jüngling nichts davon merken, bestärkte ihn aber in seinem Vorhaben, noch denselben Tag ein Schreiben an den Herzog zu richten. Schiller that es und sprach in einem vortrefflichen Briefe die Bitte aus, der Herzog möge ihm verzeihen, daß er entwichen sei; er wolle augenblicklich zurückkehren, wenn das harte Verbot, andere als medizinische Schriften zu veröffentlichen, zurückgenommen würde.

Am folgenden Tage kam durch die heimkehrende Frau Meier Nachricht aus Stuttgart. Man erzählte sich dort, daß der Herzog Schillers Auslieferung von der pfälzischen Regierung fordern würde. Die Freunde rieten ihm daher, sich in der nächsten Zeit möglichst verborgen zu halten. Frau Meier erwies sich in der Folge als eine teilnehmende, hülfreiche Freundin und sorgte für ihn in mütterlicher Weise.

Bald traf auch von dem General Augé ein Schreiben an Schiller ein, in welchem dieser Befehl erhielt, sofort nach Stuttgart zurückzukommen. Doch wurde tröstend hervorgehoben, „daß Se. Durchlaucht bei Anwesenheit der hohen Verwandten jetzt sehr gnädig wären." Da Schillers ausgesprochene Bitten aber keinerlei Erwähnung fanden, konnte der Dichter sich nicht entschließen, auf eine völlig ungewisse Zukunft hin dem erhaltenen Befehl Folge zu leisten. Des unglücklichen Schubart trauriges Schicksal stand ja deutlich genug vor seinen Augen; es gelüstete ihn nicht nach einem ähnlichen.

— Fünftes Kapitel —

Die Brücken waren abgebrochen, die unsern Helden mit den früheren Lebensverhältnissen verbanden. Jetzt galt es, neue zu erbauen, die ihn an ein freundliches Gestade führen könnten. Dazu sollte ihm als Material der Fiesko dienen. Mit festem Mut und männlicher Kraft verfolgte er den Pfad, den er gehen wollte; doch noch manche harte Täuschung wartete seiner, bis das Ziel erreicht war.

Schon an dem zur Vorlesung des neuen Trauerspiels bestimmten Nachmittage mußte der Dichter einen bitteren Kelch bis zur Neige austrinken. Streicher erzählt:

„Gegen vier Uhr fanden sich außer Iffland, Beil, Beck noch andere Schauspieler ein, die nicht Worte genug fanden, ihre tiefe Verehrung gegen den Dichter sowie die hohe Erwartung auszudrücken, die sie von dem neuesten Produkt eines so erhabenen Geistes hätten. Nachdem sich alle um einen großen, runden Tisch gesetzt hatten, schickte der Verfasser erst eine kurze Erzählung der wirklichen Geschichte und eine Erklärung der vorkommenden Personen voraus, worauf er dann zu lesen anfing.

Für Streicher war das Beisammensehen so berühmter Künstler wie Iffland, Meier,

Beil, von denen das Gerücht Außerordentliches
sagte, um so mehr neu und willkommen, als
er noch nie mit nur einem Schauspieler Um=
gang gehabt hatte. Im Stillen feierte er schon
den Triumph, wie überrascht diese Leute, die
den Dichter mit unverwandten Augen ansahen,
über die vielen schönen Stellen sein würden,
die schon in den ersten Scenen, sowie in den
folgenden noch häufiger vorkommen, und sah
nicht den Vorleser, sondern nur die Zuhörer
an, um den Eindruck zu bemerken, welche die
vorzüglichsten Ausdrücke bei ihnen hervorbringen
würden.

Aber der erste Akt wurde, zwar bei größter
Stille, jedoch ohne das geringste Zeichen des
Beifalls abgelesen, und er war kaum zu Ende,
als Herr Beil sich entfernte und die übrigen
sich von der Geschichte Fieskos oder Tages=
neuigkeiten unterhielten.

Der zweite Akt wurde von Schiller weiter
gelesen, ebenso aufmerksam wie der erste, aber
ohne das geringste Zeichen von Lob oder Bei=
fall angehört. Alles stand jetzt auf, weil Er=
frischungen von Obst, Trauben ꝛc. herum=
gegeben wurden. Einer der Schauspieler, namens
Frank, schlug ein Bolzenschießen vor, zu dem

man auch Anstalt zu machen schien. Allein nach einer Viertelstunde hatte sich alles verlaufen, und außer den zum Hause Gehörigen war nur Iffland geblieben, der sich erst um 8 Uhr entfernte.

Als ein vollkommener Neuling in der Welt konnte sich Streicher diese Gleichgültigkeit, ja diese Abneigung gegen eine so vortreffliche Dichtung von denen am allerwenigsten erklären, die kaum vor einer Stunde die größte Bewunderung und Verehrung für Schiller ihm selbst bezeugt hatten, und es empörte ihn um so heftiger, alle die Sagen von Neid und Kabale der Schauspieler jetzt schon bestätigt zu sehen, da die Antwort des Generals Augé wenig Hoffnung ließ, daß sein Freund jemals zurückkehren dürfe, wo alsdann sein Schicksal bei solchen Leuten sehr beklagenswert sein mußte.

Aber der Unerfahrene sollte noch mehr in Verlegenheit gesetzt werden; denn, als er eben im Begriff stand, sich über die ungewöhnliche und beinahe verächtliche Behandlung Schillers bei Herrn Meier zu beklagen, zog ihn dieser in das Nebenzimmer und fragte:

„Sagen Sie mir jetzt ganz aufrichtig, wissen Sie gewiß, daß es Schiller ist, der „Die Räuber"

geschrieben?" — "Zuverlässig! wie können Sie
daran zweifeln?" — "Wissen Sie gewiß, daß
nicht ein anderer dieses Stück geschrieben, und
er es nur unter seinem Namen herausgegeben?"
— "Ich kenne Schiller schon im zweiten Jahre
und will mit meinem Leben dafür bürgen, daß
er „Die Räuber" ganz allein geschrieben. Aber
warum fragen Sie dieses alles?"

„Weil der Fiesko das Allerschlechteste ist,
was ich je in meinem Leben gehört, und weil
es unmöglich ist, daß derselbe Schiller, der
„Die Räuber" geschrieben, etwas so Gemeines,
Elendes sollte gemacht haben."

Streicher suchte Herrn Meier zu widerlegen
und ihm zu beweisen, daß Fiesko weit regel=
mäßiger für die Bühne gearbeitet und darin
alles vermieden sei, was an den Räubern mit
Recht so scharf getadelt worden. Allein alle
diese Reden waren vergebens. Herr Meier be=
harrte um so mehr auf seiner Meinung, weil
es ihm als einem erfahrenen Schauspieler zu=
kommen müsse, aus einigen Scenen den Gehalt
des Ganzen sogleich beurteilen zu können, und
sein Schluß war: „Wenn Schiller wirklich die
Räuber und Fiesko geschrieben, so hat er alle
seine Kraft an dem ersten Stück erschöpft und

kann nun nichts mehr als lauter erbärmliches, schwülstiges, unsinniges Zeug hervorbringen."

Die Abendstunden wurden von den Anwesenden mit größter Verlegenheit zugebracht. Von Fiesko erwähnte niemand mehr eine Silbe. Schiller selbst war äußerst verstimmt und nahm mit seinen Gefährten zeitig Abschied. Beim Weggehen ersuchte ihn Meier, ihm für die Nacht das Manuskript dazulassen, indem er nur die zwei ersten Akte gehört und doch gerne wissen möchte, welchen Ausgang das Stück nehme. Schiller bewilligte diese Bitte sehr gern.

Über den kalten Empfang Fieskos, von dem man die willkommenste Aufnahme erwartet hatte, wurde zu Hause nichts und überhaupt sehr lange wenig gesprochen, bis sich Schiller endlich Luft machte und über den Neid, die Kabale, den Unverstand der Schauspieler Klagen führte. — Mit bangen Erwartungen wegen des Endurteils, das über Fiesko und seinen Verfasser gefällt werden sollte, begab sich Streicher den andern Morgen ziemlich früh zu Herrn Meier, der seiner kaum ansichtig wurde, als er ausrief: „Sie haben recht! Sie haben recht! Fiesko ist ein Meisterstück und weit besser gearbeitet als die Räuber. Aber wissen

Sie auch, was schuld daran ist, daß ich und alle Zuhörer es für das elendeste Machwerk hielten? Schillers schwäbische Aussprache und die verwünschte Art, wie er alles deklamiert. Er sagt alles in dem nämlichen, hochtrabenden Ton her, ob es heißt: „Er macht die Thür zu," oder ob es eine Hauptstelle seines Helden ist. Aber jetzt muß das Stück in den Ausschuß kommen, da wollen wir es uns vorlesen und alles in Bewegung setzen, um es bald auf das Theater zu bringen."

Mit welcher Freude der treue Andreas seinem Freunde von diesem Urteil Kunde gab, kann man sich denken. Zartfühlend aber verschwieg er alles, was Meier über Schillers „verwünschte" Deklamation und Aussprache geäußert hatte, um sein ohnehin krankes Gemüt nicht zu reizen."

Etwa acht Tage später wanderten die Freunde über Darmstadt nach Frankfurt am Main; hier sollte weitere Nachricht aus der Heimat abgewartet werden. Aus Sparsamkeitsrücksichten gingen sie zu Fuß mit nur wenigen Hellern in der Tasche. Nach zweitägigem, ermüdendem Marsche kamen sie abends in Darmstadt an und begaben sich alsbald in einem

Gasthofe zur Ruhe. Um Mitternacht wurden sie durch ein furchtbares Trommeln aus dem süßen Schlummer aufgestört. — Morgens erfuhren sie zu ihrer Beruhigung, daß es die Reveille gewesen sei, durch welche die guten Darmstädter sich allnächtlich erfreuen lassen mußten.

Nun ging's weiter auf Frankfurt zu. Die ermüdeten Füße versagten fast den Dienst. Einige Stunden vor der Stadt bemerkte Streicher mit großer Besorgnis, daß sein Freund immer langsamer ging und auffallend blaß aussah. Bald erklärte Schiller, daß er nicht weiter könne und ein wenig ausruhen müsse. In einem Wäldchen legte er sich unter einem schattigen Gebüsch todesmatt nieder und schlummerte eine Weile, während der treue Streicher auf einem abgehauenen Baumstamm sitzend, mit bekümmertem Herzen seinen Schlummer bewachte. „Hier mußte die innigste Teilnahme um so größer sein, da sie einem Jünglinge galt, der in allem das reinste Gemüt, den höchsten Adel der Seele kundgab und all' das Erhabene und Schöne schon im voraus ahnen ließ, das er später so groß und herrlich entfaltete. Auch in seinen gehärmten, düsteren Zügen ließ sich noch der stolze Mut wahrnehmen, mit dem er gegen ein hartes, unverdientes Schicksal zu kämpfen suchte und die wechselnde Gesichtsfarbe verriet, was ihn, auch seiner unbewußt, beschäftige."

Nach zwei Stunden erwachte Schiller und antwortete auf Streichers teilnehmende Frage nach seinem Befinden: „Mir ist etwas besser; ich glaube, daß wir unsern Marsch fortsetzen können." Glücklich erreichten sie Frankfurt noch vor der Abenddämmerung und nahmen in der Vorstadt Sachsenhausen der Mainbrücke gegenüber in einem Gasthofe Quartier.

Schiller schrieb jetzt an Dalberg einen Brief, „der mit gepreßtem Gemüt und nicht mit trockenen Augen" verfaßt wurde. Im Eingange desselben heißt es: „Ew. Excellenz werden von meinen Freunden zu Mannheim meine Lage bis zu Ihrer Ankunft, die ich leider nicht mehr abwarten konnte, erfahren haben. Sobald ich Ihnen sage: Ich bin auf der Flucht, sobald habe ich mein ganzes Schicksal geschildert. Aber noch kommt das Schlimmste dazu. Ich habe die nötigen Mittel nicht, die mich in den Stand setzten, meinem Mißgeschick Trotz zu bieten. — Meine Hoffnung war auf meinen Aufenthalt zu Mannheim gesetzt; dort hoffte ich, von E. E. unterstützt, durch mein Schauspiel mich nicht nur schuldenfrei, sondern auch überhaupt in bessere Umstände zu setzen. Dies ward durch meinen notwendigen plötzlichen Aufbruch hintertrieben. Ich ging leer hinweg, leer in Börse und Hoffnung. Es könnte mich schamrot machen, daß ich Ihnen solche Geständnisse machen muß; aber ich weiß, es erniedrigt mich nicht." Mit rührender Zutraulichkeit bittet er dann den sehr vermögenden Freiherrn um einen größeren Geldvorschuß und schließt damit, daß schnelle Hülfe alles sei, was er jetzt noch denken und wünschen könne.

Dennoch verbrachte er die Zeit bis zum Eintreffen der ersehnten Antwort in rastloser Arbeit. Schon während seiner in Stuttgart verbüßten Haft hatte er den Plan zu einem dritten großen Trauerspiel entworfen: „Luise Millerin" oder wie er es später auf Jfflands Rat nannte: „Kabale und Liebe." In wenigen Tagen entstand eine Reihe von Auftritten dieses dramatischen Gedichts, das bis auf den heutigen Tag eines der gewaltigsten und ergreifendsten deutschen Bühnenwerke geblieben ist.

Durch Herrn Meier erhielt der Dichter

endlich Dalbergs Antwort. Nachdem er den
Brief in Streichers Gegenwart gelesen, blickte
er mit verdüsterten Augen gedankenvoll durch
das Fenster, lange ohne ein Wort zu sprechen.
Nach und nach kam es heraus: **Dalberg
leistete keinen Vorschuß!** Er erklärte, den
Fiesko in seiner jetzigen Gestalt nicht brauchen
und darum sich zu nichts verpflichten zu können.

So schnöde ließ der reiche, einflußreiche
Mann den edelsten Deutschen im Stich, un=
gerührt von dessen Not und den beweglichsten
Bitten. Aber kein hartes Wort kam über die
Lippen des Verlassenen und Heimatlosen, nicht
einmal eine Klage; er machte einen seiner
schönsten Aussprüche selbst zur Wahrheit: „Große
Seelen dulden still!"

Doch eine Freude brachte ihm der Aufenthalt
in Frankfurt. Unter der Maske des Dr. Ritter
fragte Schiller bei einem Buchhändler vor, wie
es mit dem Absatz des „berüchtigten" Schau=
spiels „Die Räuber" gehe. Er erhielt eine
ihn sehr befriedigende Antwort, und da konnte
er sich nicht enthalten, sich selbst als den Ver=
fasser vorzustellen. Mit zweifelnden, staunenden
Blicken maß der Buchhändler den Dichter; es
schien ihm kaum begreiflich, daß dieser sanfte

Jüngling ein so wildes Stück geschrieben haben könnte.

Streicher hatte seine Mutter gebeten, ihm 30 Gulden zu schicken; die von vornherein so knappen Geldmittel beider Freunde waren fast gänzlich aufgezehrt. Tagelang warteten sie vergebens auf die erbetene Summe. Da entschloß sich Schiller, ein längeres Gedicht, das er selbst sehr hochhielt, einem Buchhändler zum Verkauf anzubieten. Er forderte 25 Gulden; der Buchhändler bot aber nur 18. Trotz seiner Notlage ging der Dichter nicht darauf ein; er war zu stolz, um der krämerhaften Gesinnung des Mannes Vorschub zu leisten und sein Werk unter dem Preise zu verkaufen.

Endlich erhielt Streicher Geld. Nachdem sie ihre Rechnung berichtigt, wanderten die Freunde jetzt nach dem Flecken Oggersheim, um daselbst billiger leben und den Mannheimer Freunden näher sein zu können. Im „Viehhof" stiegen sie ab. Es war eine wenig behagliche Herberge, welche ihnen dieser Gasthof mit dem unpoetischen Namen gewährte. „Sie hausten in einer kleinen, vor Zeiten weißgetünchten Stube, durch deren zerbrochene und kümmerlich mit Papier verklebten Fensterscheiben der kalte

Novemberwind blies. Ein mit Klammern an die Wand befestigter Tisch, zwei Stühle, wovon der eine ohne Lehne, ein altväterisches Bettgestell in einer Ecke, das war das ganze Mobiliar. Das dürftige Feuer in dem ungeheuren Kachelofen vermochte den Raum nicht zu durchwärmen. — Wenn dann nach trüben Tagen der Abend kam und aus zerrissenem Gewölke der herbstliche Vollmond sein bleiches Licht durch die verklebten Fensterscheiben sandte, ging der Dichter oft stundenlang mit großen Schritten in dem kleinen Raum auf und ab. Gesenkten Hauptes hängt er der Gestaltung der dramatischen Bilder nach, die in seiner Brust wogen. Zur Seite sitzt der treue Andreas an seinem kleinen Klavier und schlägt erst leise die Tasten an, um sie dann mälig in volleren Akkorden auftönen zu lassen. Er weiß, wie sehr die Musik dem Freunde die Seele löst und des Dichters Gedanken entbindet. Schiller steht still, er lauscht den tröstenden, ermutigenden Klängen, er richtet den Kopf auf: eine glückliche Idee ist gefunden, und ein Ruf der Begeisterung, halbartikulierte Worte brechen von seinen Lippen. Er eilt zum Tische; das Talglicht wird angezündet, und bei dem kümmerlichen Scheine desselben wirft er auf das Papier, was der Genius ihm geoffenbart hat. So wurde die Luise Millerin geschaffen." (Johannes Scherr, Schiller und seine Zeit.)

Gegen Ende November empfing der Dichter die Entscheidung Dalbergs über Fiesko: „daß dieses Trauerspiel auch in der Umarbeitung nicht brauchbar sei, folglich dasselbe auch nicht angenommen oder etwas dafür vergütet werden könne." Und wieder zeigte sich Schiller viel zu edel und zu stolz, als daß er seiner Entrüstung über diese geradezu schimpfliche Abfertigung Luft gemacht hätte. Er begnügte sich damit, gegen Herrn Meier zu äußern: er habe es sehr zu bedauern, daß er von Frankfurt aus nach hier zurückgekommen sei. — Die Not zwang ihn, den Fiesko jetzt für ein sehr mäßiges Honorar an den Buchhändler Schwan in Mannheim zu verkaufen.

Und nun wohin? — Alle Hoffnungen sind gescheitert, die geringen Geldmittel abermals völlig erschöpft. Der treue Freund hat ohnehin genug geopfert: daß er ihn gewissermaßen mit in sein Elend hineingezogen, der Gedanke ist für Schiller wohl der peinlichste von allen. Eine

Änderung muß getroffen werden, aber wie? Wohin kann der Heimatlose gehen? —

Schon auf der Karlsschule hatte Schiller die Bekanntschaft einer edlen Frau gemacht, die oft zum Besuch ihrer Söhne dorthin gekommen war. Es war Frau von Wolzogen, eine in keineswegs glänzenden Verhältnissen lebende Witwe. Mit feinem Verständnis für alles Große und Erhabene begabt, erkannte sie Schillers Genius und bewies ihm für seine Person wie für sein poetisches Streben die herzlichste Teilnahme. Ehe noch der Dichter seinen Fluchtplan ausführte, hatte sie ihm eine Zuflucht für den Notfall angeboten. In der Nähe der thüringischen Stadt Meiningen besaß sie nämlich ein kleines Gut, das Bauerbach hieß. Dorthin beschloß nun der Dichter sich zu wenden, nachdem er lange gezögert hatte, von dem edelmütigen Anerbieten Gebrauch zu machen. Er wußte wohl, daß Frau von Wolzogen viel wagte, indem sie den Verfolgten in ihr Haus aufnahm, da das Wohl ihrer Söhne in der Hand des Herzogs von Württemberg lag.

Nachdem er seine Wirtshausschuld in Oggersheim getilgt hatte, blieb ihm kaum noch soviel, um das Unentbehrlichste für die Reise zu bestreiten. Dann machte er sich auf den Weg. Streicher, Meier und einige andere Freunde gaben ihm eine Strecke weit das Geleite. Endlich war nur noch Streicher an seiner Seite, und nun galt es, Abschied von einander zu nehmen. Hören wir den treuen Menschen selbst:

„Was konnten Schiller und sein Freund sich sagen? — Kein Wort kam über ihre Lippen — keine Umarmung wurde gewechselt; aber ein starker, langandauernder Händedruck war bedeutender als alles, was sie hätten aussprechen können! — Die späteren Jahre konnten bei dem Freunde die wehmütige Erinnerung an diesen Abschied nicht auslöschen; und noch heute — nach fast fünfzig Jahren — erfüllt es ihn mit Trauer, wenn er an den Augenblick zurückdenkt, in welchem er ein wahrhaft königliches Herz, Deutschlands edelsten Dichter, allein und im Unglück hatte zurücklassen müssen!"

Fürwahr, ein goldenes Freundesherz offenbart sich uns in diesen Worten. — Streichers eigene Zukunft lag in dieser denkwürdigen Abschiedsstunde keineswegs hell und wolkenlos vor seinen Blicken. Doch er dachte nicht an sich selbst, sondern nur daran, daß er „Deutschlands edelsten Dichter allein und im Unglück" zurück-

laſſen mußte. Wie mag er ſeinem ſchwärmeriſch
verehrten und geliebten Schiller nachgeſchaut
haben, als dieſer nun ſeine Straße alleine weiter=
zog — faſt ſo arm wie der ärmſte Handwerks=
burſche, einem ungewiſſen Geſchick preisgegeben,
nicht wiſſend, ob er ſeine Lieben in der ver=
laſſenen Heimat jemals wiederſehen wird! —
Ob ſie beide ſich jemals wiederſehen werden?
— Und ob es dem großen Freunde beſchieden
iſt, dereinſt den Kranz der Unſterblichkeit zu er=
ringen? — Wir wiſſen, daß der edle Menſch,
dem in dieſer Stunde ſolche Fragen ſicherlich
durch die Seele gegangen ſind, in den herrlichen
Erfolgen ſeines Schiller den ſchönſten Lohn
der Freundestreue geerntet hat.

Schon dämmerte die Nacht herein, als der
müde Wanderer nach mehrtägiger Reiſe in
Bauerbach ankam. Tiefer Schnee deckte das
Thal; aus den kleinen zerſtreut liegenden
Häuſern des Dörfchens flimmerte ihm hier und
da ein Licht anheimelnd entgegen. Der Ver=
walter des Gutes nahm den Fremdling freundlich auf und geleitete ihn in ein behaglich durch=
wärmtes Stübchen. Ein wohlthuendes Ge·
fühl erfüllte ſein Herz: er war geborgen
und — frei!

Sechstes Kapitel.

Wanderjahre.

*Ihm gaben die Götter das reine Gemüt,
Wo die Welt sich, die ewige, spiegelt.*

Im Juli des Jahres 1783 verließ Schiller das gastliche Bauerbach, um abermals den Versuch zu machen, in Mannheim festen Fuß zu fassen. Besonders der Umstand, daß der Herzog von Württemberg keinerlei Schritte that, um seines entflohenen Regimentsmedikus wieder habhaft zu werden, sowie die ihm bekannt gewordene Thatsache, daß dieser sein Erfolg verheißendes drittes Trauerspiel — die „Louise Millerin" — nahezu vollendet hatte, mochten den vorsichtigen Dalberg veranlassen, unserm Dichter jetzt bestimmte Aussichten zu eröffnen. Endlich kam zwischen beiden Männern eine Vereinbarung zustande, der zufolge Schiller vorläufig auf ein Jahr als Theaterdichter mit einem festen Gehalt von 300 Gulden angestellt wurde. Doch in Mannheim blühte ihm wenig Glück. Bald nach seiner Ankunft erkrankte er an einem heftigen Fieber, welches er in höchst nachteiliger Weise dadurch zu bekämpfen suchte, daß er

Chinarinde „wie Brot aß." Namentlich war
auch das Verhältnis des Dichters zu den meisten
Bühnenmitgliedern, die sich seine freimütige und
oft scharfe Kritik nicht gefallen lassen wollten,
ein derartiges, daß es ihm seine Stellung mehr
und mehr verleidete.

Die Aufführung seines Dramas bildete
einen erfreulichen Lichtpunkt in dieser trüben
Zeit. Der treue Streicher giebt uns über das
Ereignis folgenden anschaulichen Bericht:

„Um der Aufführung des Trauerspiels
(welchem Iffland, dem es vorher übergeben
wurde, die Aufschrift „Kabale und Liebe" er-
teilte) recht ungestört beiwohnen zu können, hatte
Schiller eine Loge erstanden und seinen Freund
Streicher zu sich dahin geladen.

Ruhig, heiter, aber in sich gekehrt und nur
wenige Worte wechselnd, erwartete er das Auf-
rauschen des Vorhanges. Aber als nun die
Handlung begann — wer vermöchte den tiefen,
erwartenden Blick — das Spiel der unteren
gegen die Oberlippe — das Zusammenziehen
der Augenbrauen, wenn etwas nicht nach Wunsch
gesprochen wurde — den Blitz der Augen, wenn
auf Wirkung berechnete Stellen diese auch her-
vorbrachten — wer könnte dies beschreiben! —

Während des ganzen ersten Aufzugs entschlüpfte ihm kein Wort und nur am Schlusse desselben wurde ein „es geht gut" gehört.

Der zweite Akt wurde sehr lebhaft und vorzüglich der Schluß desselben mit so vielem Feuer und ergreifender Wahrheit dargestellt, daß nachdem der Vorhang schon niedergelassen war, alle Zuschauer auf eine damals ganz ungewöhnliche Weise sich erhoben und in stürmisches, einmütiges Beifallrufen und Klatschen ausbrachen. Der Dichter wurde so sehr davon überrascht, daß er aufstand und sich gegen das Publikum verbeugte. In seinen Mienen, in der edlen, stolzen Haltung zeigte sich das Bewußtsein, sich selbst genug gethan zu haben, sowie die Zufriedenheit darüber, daß seine Verdienste anerkannt und mit Auszeichnung beehrt würden."

Mit großem Fleiß arbeitete Schiller darauf an der Ausführung seines neuesten dramatischen Entwurfs: „Don Carlos." Bereits in Bauerbach hatte er umfassende geschichtliche Studien begonnen, um des Stoffes Meister zu werden. Das rhythmische Gewand, in welches er dieses Gedicht zu kleiden gedachte, erforderte gleichfalls Vorstudien und Vorübungen mancherlei

den Dichter hocherfreulichen und wertvollen Aus=
druck in dem Titel eines weimarischen Rats,
durch dessen Verleihung der Herzog, wie er in
einem eigenhändigen Schreiben sagte, ihm ein
Zeichen seiner Achtung geben zu können wünschte.

Doch innigere, größere Freude als diese
fürstliche Anerkennung bereitete Schiller ein Er=
lebnis, das er seiner Freundin Frau von Wol=
zogen in einem Briefe folgendermaßen berichtet:

„Vor einigen Tagen widerfährt mir die
herrlichste Überraschung von der Welt. Ich
bekomme ein Paket aus Leipzig, und finde von
vier ganz fremden Personen Briefe voll Wärme
und Leidenschaft für mich und meine Schriften.
Zwei Frauenzimmer, sehr schöne Gesichter, waren
darunter. Die eine hatte mir eine Brieftasche
gestickt, die gewiß in Geschmack und Kunst eine
der schönsten ist, die man sehen kann. Die
andere hat sich und die drei anderen Personen
gezeichnet, und alle Zeichner in Mannheim
wundern sich über die Kunst. — Ein dritter
hatte ein Lied aus meinen Räubern in Musik
gesetzt, um etwas zu thun, das mir angenehm
wäre. Sehen Sie, meine Beste, so kommen zu=
weilen ganz unverhoffte Freuden für Ihren
Freund, die desto schätzbarer sind, weil freier

Wille und eine reine, von jeder Nebenabsicht
reine Empfindung und Sympathie der Seelen
die Erfinderin ist. So ein Geschenk von ganz
unbekannten Händen — durch nichts als die
bloße reinste Achtung hervorgebracht, aus keinem
anderen Grunde, als nur für einige vergnügte
Stunden, die man bei Lesung meiner Produkte
genoß, erkenntlich zu sein, ein solches Geschenk
ist mir größere Belohnung als der laute Zu=
sammenruf der Welt, die einzige süße Ent=
schädigung für tausend trübe Minuten — und
wenn ich das nun weiter verfolge und mir
denke, daß in der Welt vielleicht mehr solche
Zirkel sind, die mich unbekannt lieben und sich
freuen, mich zu kennen, daß vielleicht in hundert
und mehr Jahren, wenn auch mein Staub
schon lange verweht ist, man mein Andenken
segnet und mir noch im Grabe Thränen und
Bewunderung zollt, dann, meine Teuerste, freue
ich mich meines Dichterberufes und versöhne
mich mit Gott und meinem oft harten Ver=
hängnis!" Die vier „ganz fremden Personen"
waren zwei junge Gelehrte in Leipzig: Gott=
fried Körner — dessen Name schon darum nie=
mals der Vergessenheit anheim fallen kann, weil
er der Vater Theodor Körners ist — und der

Schriftsteller Huber, sowie die Verlobten beider Männer, die Schwestern Minna und Dora Stock. Letztere hatte die Portraits gezeichnet, Minna die Brieftasche gestickt, Komposition und Begleitschreiben waren von Körner. Der Brief beginnt mit den Worten: „Zu einer Zeit, da die Kunst sich immer mehr zur feilen Sklavin reicher und mächtiger Wollüstlinge herabwürdigt, thut es wohl, wenn ein großer Mann auftritt und zeigt, was der Mensch auch jetzt noch vermag. Der bessere Teil der Menschheit, den seines Zeitalters ekelte, der im Gewühl ausgearteter Geschöpfe nach Größe schmachtete, löscht seinen Durst, fühlt in sich einen Schwung, der ihn über seine Zeitgenossen erhebt, und Stärkung auf der mühevollsten Laufbahn nach einem würdigen Ziele. Dann möchte er gern seinem Wohlthäter die Hand drücken, ihn in seinen Augen die Thränen der Freude und der Begeisterung sehen lassen, daß er auch ihn stärkte, wenn ihn etwa der Zweifel müde machte: ob seine Zeitgenossen wert wären, daß er für sie arbeitete. — Dies ist die Veranlassung, daß ich mich mit drei Personen, die insgesamt wert sind, Ihre Werke zu lesen, vereinigte, Ihnen zu danken und zu huldigen."

So spannen sich zwischen zwei der edelsten Herzen trotz weiter räumlicher Entfernung die Fäden einer Freundschaft, wie sie schöner, reiner und segensreicher nicht gedacht werden kann. Ein hehres Denkmal desselben ist die wundervolle Briefsammlung, die unter dem Titel „Schillers Briefwechsel mit Körner" in zwei starken Bänden unserm Volke dargeboten worden ist. Wer wahrhaftes Verlangen nach edler Nahrung für Geist und Gemüt trägt, sollte an dieser Quelle nicht vorbeigehen! — Schillers Antwort auf den ersten Brief enthält den unverfälschten Ausdruck seiner Herzensfreude und seines tiefempfundenen Dankes. Wie hätte er sich selbst schöner ehren können, als mit den Worten: „Wenn ich Ihnen bekenne, daß Ihre Briefe und Geschenke das Angenehmste waren, was mir — vor und nach — in der ganzen Zeit meiner Schriftstellerei widerfahren ist, daß diese fröhliche Erscheinung mich für die mancherlei verdrießlichen Schicksale schadlos hielt, welche in der Jünglingsepoche meines Lebens mich verfolgten, daß, ich sage nicht zuviel, daß Sie, meine Teuersten, es sich zuzuschreiben haben, wenn ich die Verwünschung meines Dichterberufs, die mein widriges Verhängnis mir schon aus der Seele preßte, zurücknahm, und mich endlich wieder glücklich fühlte; wenn ich Ihnen dieses sage, so weiß ich, daß Ihre gütigen Geständnisse gegen mich Sie nicht gereuen werden. Wenn solche Menschen, solche schöne Seelen den Dichter nicht belohnen, wer thut es denn?"

Bald wich im Verlaufe des Briefwechsels das fremde „Sie" dem traulichen „Du," und bald wurde Körner der Vertraute des Dichters in allen Angelegenheiten seines Herzens, seines Lebens und Strebens. Ihm enthüllte er auch seine bedrängte Lage und den sehnlichen Wunsch, sich aus den drückenden Mannheimer Verhältnissen zu befreien, und nun gewährte ihm der wohlhabende Freund seine Hülfe in opferwilligster Gesinnung. Ohne Zaudern ergriff Schiller diese treue und feste Freundeshand. Eine namhafte Summe, die Körner ihm überwies, erlöste ihn von allen drückenden Verpflichtungen, und aufatmend folgte er jetzt der herzlichen Einladung, die ihn nach Leipzig rief.

Am 1. Juli 1785 fand das erste Zusammentreffen zwischen ihm und Körner statt. Dann nahm er bis zur Verheiratung seines Freundes, der nach Dresden übersiedelte, in dem Dorfe Gohlis bei

Leipzig seinen Aufenthalt. Tausende von Besuchern haben sich seitdem das Häuschen zeigen lassen, in dessen erstem Stock er eine Stube mit anstoßendem Schlafkämmerchen bezog. Hier entstand das herrliche Lied „An die Freude," das, wie uns bezeugt wird, bald nach seinem Entstehen in Leipzig und Dresden gewöhnlich den Schluß jeder fröhlichen und sinnigen Gesellschaft ausmachte. Dieses Lied ist der unverfälschte Ausdruck jauchzender Freude über den gelungenen großen Wurf, eines Freundes Freund zu sein, sowie ein siegesgewisses Zeugnis des Dichters, nun den festen Grund gefunden zu haben, auf dem er die ihm von seinem Genius vorgezeichnete Bahn unbeirrt und unentwegt verfolgen wollte. Möge unser Volk es nie vergessen, welchem Manne sein Lieblingsdichter solchen unermeßlichen Gewinn verdankte!

Wer vermöchte ohne Bewegung die köstlichen Worte zu lesen, in denen dieser wieder und wieder seinem überströmenden Gefühl Ausdruck verleiht, wenn er z. B. dem Freunde schreibt: „O, wie schön und wie göttlich ist die Berührung zweier Seelen, die sich auf ihrem Wege zur Gottheit begegnen! — — — O, mein Freund, nur unserer Verkettung, ich muß sie noch einmal so nennen, unserer heiligen Freundschaft allein war es vorbehalten, uns groß und gut und glücklich zu machen. Die gütige Vorsehung, die meine leisesten Wünsche hörte, hat mich Dir in die Arme geführt, und ich hoffe, auch Dich mir. Ohne mich sollst Du ebensowenig Deine Glückseligkeit vollendet sehen können, als ich die meinige ohne Dich! Unsere künftig erreichte Vollkommenheit soll und darf auf keinem anderen Pfeiler als unserer Freundschaft ruhen." Noch eine Stelle aus einem der nächstfolgenden Briefe sei hier mitgeteilt. Es ist die Antwort auf Körners edelmütiges Anerbieten, daß Schiller ihm ein Jahr wenigstens die Freude lassen möge, „ihn aus der Notwendigkeit des Brotverdienstes zu setzen." Sie lautet: „Durch Dich, teurer Körner, kann ich vielleicht noch werden, was ich je zu werden verzagte. Meine Glückseligkeit wird steigen mit der Vollkommenheit meiner Kräfte, und bei Dir und durch Dich getraue ich mir, diese zu bilden. Die Thränen, die ich hier an der Schwelle meiner neuen Laufbahn, Dir zum Danke, zur Verherrlichung vergieße, diese Thränen werden wiederkommen, wenn diese Laufbahn vollendet ist. Werde ich das, was ich jetzt träume, wer ist glücklicher als Du?

Eine Freundschaft, die so ein Ziel hat, kann nimmer aufhören. Zerreiße diesen Brief nicht. Du wirst ihn vielleicht in zehn Jahren mit einer seltenen Empfindung lesen, und auch im Grabe wirst Du sanft darauf schlafen. — Leb' tausendmal wohl! Mein Herz ist zu weich!"

Im September zog Schiller nach Dresden, um dem Freunde so nahe wie möglich zu sein. In Loschwitz, einem kleinen Dorfe unweit der Stadt an den Ufern der Elbe, besaß Körner ein Häuschen nebst einem Weinberge. Hier verlebte der Dichter mit der Familie des Freundes seine schönsten Tage; hier arbeitete er an seinem „Don Carlos." „Die tägliche Unterhaltung mit dem Freunde, in der er sich über seine liebsten Gedanken aussprechen konnte, erheiterte ihn. Körners klarer Geist gab ihm seine Ideen gestalteter und in fruchtbarerm Zusammenhange zurück; seine Lebensansicht wurde entschiedener. Wie auf einer fruchtbaren, freundlichen Insel gedachte er hier zu ruhen und die Erscheinungen der vorübergleitenden Muse zu erwarten."

Zwei glückliche Jahre verlebte Schiller unter solchen Verhältnissen, geborgen im Schoße der Freundschaft, bildend und vollendend, was die mannigfachsten Anregungen in seinem Geiste zum Keimen brachten. Ja, er hat damals die Wahrheit seines bekannten Ausspruchs im „Wallenstein" selbst erlebt:

> Über alles Glück geht doch der Freund,
> Der's fühlend erst erschafft, der's teilend mehrt.

Wer vermöchte wohl die Bedeutung dieser gesegneten, glücklichen Zeit für unsern Dichter zu ermessen? Und wenn wir uns ihrer bewußt werden, wie sollten wir dann des edlen Mannes vergessen, dem Schiller, der es bis an sein Lebensende nicht vergaß, daß er Körners Schuldner war, diese goldenen Jahre in erster Linie verdankte! Ehre seinem Andenken!

Siebentes Kapitel.

Schiller und Lotte.

*Und leis wie aus himmlischen Höhen
Die Stunde des Glückes erscheint.*

Doch es war unserm Lieblingsdichter beschieden, noch süßere und innigere Bande als die der Freundschaft kennen zu lernen. Wohl war der Lebensfaden, den die geheimnisvoll waltenden Schicksalsgöttinnen ihm spannen, kein langer; Poesie und Liebe aber haben denselben mit goldigem Schimmer umwoben, und wir müssen den Mann glücklich preisen, den nicht nur sein Genius auf die Höhe des Künstlerdaseins erhob, sondern, der auch ein Frauenherz sein eigen nennen durfte, das in vollem Sinne seiner wert war.

*Gesang und Liebe in schönem Verein,
 Sie erhalten dem Leben den Jugendschein.*

Schiller, der diese Verse gedichtet, hat deren beglückende Wahrheit an sich selbst erfahren.

Vergegenwärtigen wir uns nun in großen Zügen, auf welchem Wege er seine Lebensgefährtin gefunden hat.

Im Frühjahr 1787 hatte Schiller sich nach

Weimar begeben. Wie hätte die Stadt, welche
der Mittelpunkt des vornehmsten deutschen Geistes=
lebens war, die einen Wieland, Herder und
Goethe in ihren gastlichen Mauern beherbergte,
und in der Karl August den Wissenschaften
und Künsten eine Heimstätte bereitete, einen
Schiller nicht mächtig anziehen sollen! Von
den beiden erstgenannten berühmten Männern
wurde er freundlich aufgenommen. Goethe
war in Italien. Auch eine geistig sehr hervor=
ragende Frau, Charlotte von Kalb, mit der
ihn bereits innige Freundschaft verknüpfte, mag
auf seinen Entschluß, die nächste Zukunft in
Weimar zuzubringen, bestimmend gewirkt haben;
ihr galt sein erster Besuch. In einem Briefe
an Körner schreibt er: „Charlotte ist eine
große, sonderbare weibliche Seele, ein wirkliches
Studium für mich. — Mit jedem Fortschritt
unseres Umgangs entdecke ich neue Erscheinun=
gen in ihr, die mich, wie schöne Partieen in
einer weiten Landschaft überraschen und ent=
zücken." Und später: „Mein Verhältnis mit
Charlotte fängt an, hier ziemlich laut zu werden
und wird mit sehr viel Achtung für uns beide
behandelt. Selbst die Herzogin (Amalie) hat
die Galanterie, uns heute zusammen einzuladen,

Schiller und Lotte

und daß es darum geschah, habe ich von Wieland erfahren." Nach diesen und anderen Zeugnissen unterliegt es keinem Zweifel, daß Schiller damals den Plan ernstlich erwog, sich mit Charlotte von Kalb, die von ihrem Manne getrennt zu werden wünschte, durch das Eheband dauernd zu vereinigen.

Doch die Vorsehung hatte ihm nicht diese, sondern eine andere Charlotte bestimmt.

Eine Reise, die er im Herbst nach Meiningen unternahm, gab seinem Lebenspfade die bedeutsame neue Wendung.

Mit seinem Freunde Wilhelm von Wolzogen, dem Sohne seiner Wohlthäterin, suchte er nämlich in Rudolstadt eine Familie auf, die er bereits vor Jahren flüchtig kennen gelernt hatte. Es war die verwitwete Frau von Lengefeld mit ihren Töchtern Charlotte und Karoline. Letztere, die Verfasserin des Buches „Schillers Leben, verfaßt aus Erinnerungen der Familie," erzählt diesen Besuch folgendermaßen: „An einem trüben Novembertage im Jahre 1787 kamen zwei Reiter die Straße herunter. Sie waren in Mäntel eingehüllt; wir erkannten unsern Vetter Wolzogen, der sich scherzend das halbe Gesicht mit dem Mantel verbarg; der andere Reiter war uns unbekannt und erregte unsere Neugier. Bald löste sich das Rätsel durch den Vetter, der um die Erlaubnis bat, seinen Reisegefährten Schiller, der seine verheiratete Schwester und Frau von Wolzogen in Meiningen besuchte, am Abend bei uns einzuführen. Schillers Zukunft knüpfte sich an diesen Abend. Schiller fühlte sich wohl und frei in unserm Familienkreise. Entfernt vom flachen Weltleben galt uns das Geistige als alles; wir umfaßten es mit Herzenswärme, nicht befangen von kritischen Urteilen und Vorurteilen, nur der eigenen Richtung unserer Natur folgend. Dies war es, was er bedurfte, um sich selbst im Umgange aufzuschließen. Wir kannten seinen Don Carlos noch nicht. Ohne alle schriftstellerische Eitelkeit schien es ihm am Herzen zu liegen, daß wir ihn kennen lernten. — Der Gedanke, sich unserer Familie anzuschließen, schien schon an jenem Abend in ihm aufzudämmern, und zu unserer Freude sprach er beim Abschiede den Plan aus, den nächsten Sommer in unserm schönen Thale zu verleben."

Welche Empfindungen dieser Besuch in unserm Dichter erregte, bezeugt ein Brief, den er einige Wochen später an Körner richtete.

Er schreibt dem Freunde: „Ich bedarf eines Mediums, durch das ich die andern Freuden genieße. Freundschaft, Geschmack, Wahrheit und Schönheit werden mehr auf mich wirken, wenn eine ununterbrochene Reihe feiner, wohlthätiger, häuslicher Empfindungen mich für die Freude stimmt und mein erstarrtes Wesen wieder durchwärmt. Ich bin bis jetzt als ein isolierter, fremder Mensch in der Natur herumgeirrt, und habe nichts als Eigentum besessen. Ich sehne mich nach einer bürgerlichen und häuslichen Existenz. Ich habe seit vielen Jahren kein ganzes Glück mehr gefühlt, und nicht sowohl, weil mir die Gegenstände dazu fehlten, sondern darum, weil ich die Freuden mehr naschte als genoß, weil es mir an immer gleicher und sanfter Empfänglichkeit mangelte, die nur die Ruhe des Familienlebens giebt."

Charlotte von Lengefeld war damals einundzwanzig Jahre alt. Die Schwester zeichnet ihr Bild mit liebender Hand also: „Sie hatte eine sehr anmutige Gestalt und Gesichtsbildung. Der Ausdruck reinster Herzensbildung belebte ihre Züge, und ihr Auge blitzte nur Wahrheit und Unschuld. Sinnig und empfänglich für alles Gute und Schöne im Leben und in der

Kunst, hatte ihr ganzes Wesen eine schöne Harmonie. Mäßig, aber treu und anhaltend in ihren Neigungen schien sie geschaffen, das reinste Glück zu genießen. Sie hatte Talent zum Landschaftzeichnen, einen feinen und tiefen Sinn für die Natur. — Auch sprach sich jedes erhöhtere Gefühl in ihr oft in Gedichten aus, von denen einige voll Grazie und sanfter Empfindung sind."

Die zahlreichen Briefe, die Schiller und Lotte zum großen Teil schon vor der Verlobung mit einander wechselten, spiegeln das reinste und seelenvollste Verhältnis wieder. Als besonders bemerkenswert möge hier der Abschnitt aus einem Schillerschen Briefe Platz finden, in dem er seine Ansicht über die Bedeutung und Bestimmung der Frauen folgendermaßen ausspricht: „Mir kommt vor, daß die Frauenzimmer geschaffen sind, die liebe heitere Sonne auf dieser Menschenwelt nachzuahmen und ihr eigenes und unser Leben durch milde Sonnenblicke zu erheitern. Wir stürmen und regnen und schneien und machen Wind; Ihr Geschlecht soll die Wolken zerstreuen, die wir auf Gottes Erde zusammengetrieben haben, den Schnee schmelzen und die Welt durch ihren Glanz wieder

verjüngen. Sie wissen, was für große Dinge
ich von der Sonne halte; das Gleichnis ist
also das Schönste, was ich von Ihrem Geschlecht
nur habe sagen können, und ich habe es auf
Unkosten des meinigen gethan."

Anfang des Jahres 1788 kam Charlotte
nach Weimar, wo ihre Mutter für sie eine
Stelle als Hofdame zu erlangen hoffte. Sie
und Schiller sahen sich jetzt öfter, dennoch zögerte
der Dichter, bis er sich ihr erklärte. Als sie
im Frühjahr wieder nach Rudolstadt zurück=
kehrte, bat Schiller sie, ihm in der Nähe eine
Sommerwohnung zu mieten.

Eine halbe Stunde von der Stadt entfernt
liegt das Dörfchen Volkstädt; dort wohnte der Dich=
ter in einem Hause, von wo er die Ufer der lieb=
lichen Saale sowie das schöngelegene Schloß von
Rudolstadt übersah. Auf einer Anhöhe, dem Hause
gegenüber, steht jetzt ein dem Andenken des Dichters
gewidmetes Monument mit seiner Kolossalbüste,
von der Meisterhand des genialen Dannecker.
In dieser schönen Natur erblühte jetzt für Schiller
ein poesievolles Leben gleich dem früheren bei
seinen Freunden in Sachsen. Hatte er den Tag
über fleißig gearbeitet, so wanderte er am Abend
zu den Freundinnen, die ihm nicht selten ent=

gegengingen. „In unserm Hause," erzählte Karoline, „begann für Schiller ein neues Leben. Lange hatte er den Reiz eines freien, freundschaftlichen Umganges entbehrt; uns fand er immer empfänglich für die Gedanken, die seine Seele erfüllten. Er wollte auf uns wirken, uns von Poesie, Kunst und philosophischen Ansichten das mitteilen, was uns frommen könnte, und dies Bestreben gab ihm selbst eine milde, harmonische Gemütsstimmung. — Wie wohl war es uns, wenn wir nach einer langweiligen Kaffeevisite unserm genialen Freunde unter den schönen Bäumen des Saalufers entgegengehen konnten! Ein Waldbach, der sich in die Saale ergießt und über den eine schmale Brücke führt, war das Ziel, wo wir ihn erwarteten. Wenn wir ihn im Schimmer der Abendröte auf uns zukommen erblickten, dann erschloß sich ein heiteres, ideales Leben unserm Sinne. Hoher Ernst und anmutige Leichtigkeit des offenen, reinen Gemüts waren in Schillers Umgang immer lebendig; man wandelte wie zwischen den unwandelbaren Sternen des Himmels und den Blumen der Erde in seinen Gesprächen. Wie wir uns beglückte Geister denken, von denen die Bande der Erde abfallen und die sich in einem reinen, leichtern Elemente der Freiheit eines vollkommenen Einverständnisses erfreuen, so war uns zu Mute."

Oft konnte der Dichter sich erst in später Stunde aus dem geliebten Kreise losreißen, und nicht selten kam ihm dann sein besorgter Hauswirt mit der Laterne entgegen, damit er auf dem halsbrechenden Wege in stockfinsterer Nacht nicht zu Schaden käme. Hatte er sich auf solchem nächtlichen Heimgange aber einen Katarrh zugezogen, dann schrieb Lotte die schönsten Trostbriefe, sodaß selbst das Übel ihm zur Freudenquelle ward.

Später zog Schiller noch näher nach Rudolstadt; am liebsten hätte er der Geliebten gegenüber gewohnt. „Ich brächte dann," schreibt er, „Spiegel in meinem Zimmer an, daß mir Ihr Bild gerade vor dem Schreibtisch zu stehen käme, und dann könnte ich mit Ihnen sprechen, ohne daß es ein Mensch wüßte."

Im Herbst des Jahres fand im Lengefeldschen Hause die erste Begegnung zwischen Schiller und dem soeben aus Italien heimgekehrten Goethe statt. Die Schwestern hofften, daß sich aus ihr bald ein für beide Männer reichgesegnetes Freundschaftsverhältnis entspinnen würde; indes sollte sich diese Hoffnung nicht erfüllen. Jahre vergingen noch, ehe unsere beiden größten Dichter so zusammenstanden, wie Rietschels bekanntes Meisterwerk in Weimar sie darstellt. Von Goethe, dem hochgestellten, vornehmen und gefeierten Manne, hätte die Annäherung ausgehen müssen; ein Schiller war zu stolz, in seiner damaligen untergeordneten Stellung sich um die Gunst des Mächtigen zu bemühen. Somit blieb die Begegnung ziemlich erfolglos. „Im ganzen genommen," schrieb Schiller an Körner, „ist meine in der That große Idee von ihm nach dieser persönlichen Bekanntschaft nicht vermindert worden, aber ich zweifle, ob wir einander je sehr nahe rücken werden; sein ganzes Wesen ist schon von Anfang her anders angelegt als das meinige. Indessen schließt sich's aus einer solchen Zusammenkunft nicht sicher und gründlich. Die Zeit wird das Weitere lehren." Und wir wissen, daß Schiller sich geirrt haben sollte, denn sie rückten einander trotz alledem nahe, als die Zeit erfüllt war.

Einige Monate später kehrte Schiller nach Weimar zurück. Noch hatten die Liebenden sich nicht gegeneinander ausgesprochen. Wenige

Stunden nach dem Abschiede aber schrieb Lotte: "So sind wir denn wirklich getrennt? Kaum ist mir's denkbar, daß der lange gefürchtete Moment nun vorbei ist. Noch sehen wir einerlei Gegenstände; die nämlichen Berge, die Sie umschließen, umgeben uns auch. Und morgen soll dies alles nicht mehr so sein? Mögen Sie immer gute und frohe Geister unschweben und die Welt in einem schönen Glanz Sie umhüllen, lieber Freund! Ich möchte Ihnen gerne sagen, wie lieb mir Ihre Freundschaft ist und wie sie meine Freude erhöht. Aber ich hoffe, Sie fühlen es ohne Worte." Darauf antwortete Schiller: "Dies ist der erste Tag, den ich ohne Sie lebe. Gestern habe ich noch Ihr Haus gesehen und Eine Luft mit Ihnen geatmet. Ich kann mir nicht einbilden, daß alle diese schönen, seelenvollen Abende, die ich bei Ihnen genoß, dahin sein sollen. — Nein, ich kann und darf es mir nicht denken, daß Meilen zwischen uns sind. Alles ist mir hier fremd geworden; um Interesse an den Dingen zu schöpfen, muß man das Herz dazu mitbringen, und mein Herz lebt unter Ihnen."

So schreiben nur solche Menschen, die, ob auch äußerlich geschieden, doch in Wahrheit ineinander leben. —

Achtes Kapitel.

Der Universitätsprofessor.

> Berge lagen mir im Wege,
> Ströme hemmten meinen Fuß;
> Ueber Schlünde baut' ich Stege,
> Brücken durch den wilden Fluß.

„Was giebt's? Was ist geschehen? Brennt es irgendwo?" —

Es war am 26. Mai 1789, als die ehrsamen Bürger der guten Stadt Jena ihre Köpfe aus Thüren und Fenstern herausstreckten und einander diese Fragen zuriefen. Die ganze Stadt kam in Bewegung. Scharen buntbemützter Musensöhne rannten die Straße entlang. Endlich kam die Erklärung dieser ungewohnten Aufregung: „Der neue Professor hält seine erste Vorlesung!" Das gewöhnliche Auditorium — (der Hörsaal, in welchem gelesen wird) aber war zu klein für die große Menge der Zuhörer, und sofort hatten einige vorgeschlagen, ein am andern Ende der Stadt belegenes größeres Auditorium — das des Professors Grießbach — zu wählen. Jubelnd wurde der Vorschlag angenommen, und lärmend stürzte alles hinaus. Nach einer Weile ging „der neue Professor," von einem

Freunde begleitet, gesenkten Hauptes dem Strome nach. Wer war es? Ein guter Bekannter von uns: **Friedrich Schiller!**

Seit einigen Wochen erst weilte er in Jena. Dorthin war er auf Goethes Vorschlag von Karl August als Professor der Geschichte berufen worden — freilich vorläufig ohne Besoldung. Eine große und Aufsehen erregende Arbeit: „Geschichte des Abfalls der vereinigten Niederlande" bot die nächste Veranlassung dieser Berufung.

Ueber den Erfolg der ersten akademischen Vorlesung schreibt Schiller seinem Körner u. a.: „Es war mir, als wenn ich durch die Stadt, die ich fast zu durchwandern hatte, Spießruten liefe. Grießbachs Auditorium ist das größte und kann, wenn es vollgedrängt ist, zwischen drei- und vierhundert Menschen fassen. Voll war es diesmal und so sehr, daß ein Vorsaal und noch die Flur bis an die Hausthür besetzt war und im Auditorium selbst viele sich auf die Subsellien stellten. Ich zog also durch eine Allee von Zuschauern und Zuhörern ein und konnte den Katheder kaum finden; unter lautem Pochen, welches hier für Beifall gilt, bestieg ich ihn und sah mich von einem Amphitheater von Menschen umgeben. So schwül der

Saal war, so erträglich war's am Katheder, wo alle Fenster offen waren, und ich hatte doch frischen Odem. Mit den zehn ersten Worten, die ich selbst noch fest aussprechen konnte, war ich im ganzen Besitz meiner Contenance, und ich las mit einer Stärke und Sicherheit der Stimme, die mich selbst überraschte. Vor der Thür konnte man mich recht gut hören. Meine Vorlesung machte Eindruck; den ganzen Abend hörte man in der Stadt davon reden, und mir widerfuhr eine Aufmerksamkeit von den Studenten, die bei einem neuen Professor das erste Beispiel war. Ich bekam eine Nachtmusik, und Vivat wurde dreimal gerufen." Das Thema, das Schiller in dieser Vorlesung behandelte, war die Frage: „Was heißt und zu welchem Ende studiert man Universalgeschichte?"

Somit hatte Schiller einen tüchtigen Schritt vorwärts gethan; die Aussicht, sich mit der Geliebten zu verbinden, rückte damit näher. Einige Monate später fand in Lauchstädt, wo beide Schwestern zur Badekur weilten, die Verlobung statt.

Wie glücklich der Dichter sich in dem endlich gesicherten Besitz des vortrefflichen Mädchens fühlte, zeigen seine Briefe, die er nach seiner Rückkehr an sie richtete. So schreibt er in dem einen: „Wie schön bin ich heute erweckt worden! Das erste, worauf mein Auge fiel, waren Briefe von Dir. Mit dem Gedanken schlief ich ein, heute welche zu erhalten. An diesen periodischen Freuden werde ich künftig alle meine Zeit abzählen, bis uns endlich dieser dürftige Behelf nicht mehr nötig ist. Aber wie ungenügsam sind doch unsere Wünsche! Wie viel hätte ich noch vor einem Monat um die bloße Hoffnung dessen gegeben, was jetzt schon in Erfüllung gegangen ist! Um einen einzigen Blick in Deine Seele! Und jetzt, da ich alles darin lese, was mein Herz sich solange wünschte, eilt mein Verlangen der Zukunft vor, und ich erschrecke über den langen Zeitraum, der uns trennen soll. Wie kurz ist der Frühling des Lebens, die Blütezeit des Geistes! Und von diesem Frühling soll ich — Jahre vielleicht noch verlieren, ehe ich das b e s i t z e , was mein ist! Unerschöpflich ist die Liebe, und wenig sind der Tage des Lenzes! In einer neuen, schöneren Welt schwebt meine Seele, seitdem ich weiß, daß Du mein bist, teure, liebe Lotte, nachdem Du Deine Seele mir entgegentrugst!"

Anfang des folgenden Jahres erhielt der Dichter die von ihm erbetene Besoldung, und nun dachte das junge Paar mit Ernst an die Gründung des gemeinsamen Hausstandes. Das Gehalt betrug freilich nur zweihundert Thaler! „Was ich nicht vermutete," schrieb Schiller dem Freunde, „war, daß der Herzog selbst fühlen würde, daß dies wenig sei. — Er sagte mir, daß er gerne etwas für mich thun möchte, um mir seine Achtung zu zeigen, aber mit gesenkter Stimme und einem verlegenen Gesichte sagte er, daß zweihundert Thaler alles sei, was er könne. Ich sagte ihm, daß dies alles sei, was ich von ihm haben wolle. Er befragte mich dann um meine Heirat und beträgt sich, seitdem er darum weiß, überaus artig gegen Lottchen."

Außer seinem Gehalt hoffte der Dichter durch den Ertrag seiner Feder und die Kollegiengelder seine Einnahme noch wesentlich zu erhöhen.

Gewiß ist es eine frohe Weihnachtszeit gewesen, die Schiller in diesem Jahre verlebte. Es war ja das letzte Christfest, das er ohne seine Lotte feierte. Mochte es draußen schneien und wintern, in seinem Herzen grünte und blühte die Hoffnung auf das Glück der dauernden Vereinigung. Wie mag ihn doch das Briefchen erfreut haben, das Lottchen ihm am 29. Dezember mit der Bitte übersandte, es seinen

Eltern zuzustellen! Auch wir thun gern einen Blick in dieses Briefchen. Es beginnt: „Ob Ihnen gleich die Züge meiner Hand fremd sind, so ist es mein Herz doch gewiß nicht, wenn Sie den Brief Ihres Sohnes, meines teuren Geliebten, gelesen haben. Liebe Mutter! Mit wahrhaft kindlicher Liebe gebe ich Ihnen diesen Namen und wünsche mir herzlich, Sie selbst zu sehen. Ich möchte von Ihnen gekannt sein, damit Sie klar fühlen könnten, wie ich meinen Schiller liebe und es der süßeste Gedanke meiner Seele ist, für ihn zu leben, zu seinem Glück, seiner Freude etwas beitragen zu können. Ein gutes Schicksal hat unsere Herzen verbunden, und ein neues, schönes Leben zeigt mir die Zukunft."

Von solch inniger Liebe beglückt, mochte der Dichter wohl mit froher Seele in das neue Jahr — 1790 — hinübertreten. Am Anfang desselben spiegelt folgende Stelle aus einem Briefe an Körner seinen Gemütszustand wieder: „Meinem künftigen Schicksal sehe ich mit heiterem Mute entgegen; jetzt, da ich am erreichten Ziele stehe, erstaune ich selbst, wie doch alles über meine Erwartungen gegangen ist. Das Schicksal hat die Schwierigkeiten für mich besiegt; es hat mich zum Ziele gleichsam getragen. Von der

Zukunft hoffe ich alles. Wenige Jahre, und ich werde im vollen Genuß meines Geistes leben; ja ich hoffe, ich werde wieder zu meiner Jugend zurückkehren — ein inneres Dichterleben giebt sie mir zurück."

Und nun zum Schluß noch ein Zeugnis der Liebe Lottchens zu dem erwählten Manne. Es ist ein Brief, den sie drei Monate nach seinem Tode an einen jungen Freund richtete. Nach herzerschütternden Klagen fährt sie also fort: „Es hat niemand dieses edle, hohe Wesen so verstanden wie ich, denn keine Nüance entging mir. Ich wußte mir seinen Charakter, die Triebfeder seines Handelns zu erklären, zurecht zu legen, wie niemand. — Ach, wenn er diesen Anteil an mir noch nimmt, den er stets nahm; wenn er auf solche Art mein Leben fühlt, wie es Menschen fühlen, muß er über das Schicksal, über die Notwendigkeit trauern, die ihn von mir riß. Denn er muß fühlen, daß ich ohne ihn nicht leben kann und doch muß, so lange es das Schicksal gebietet. — Die Jahre verbanden uns immer fester, denn er fühlte, daß ich durch das Leben mit ihm seine Ansichten auf meinem eigenen Wege gewann und ihn verstand, wie keiner seiner Freunde. Ich war ihm so nötig zu seiner Existenz, wie er mir. Er freute sich, wenn ich mit ihm zufrieden war, wenn ich ihn verstand. Dieses geistige Mitwirken, Fortschreiten war ein Band, das uns immer fester verband. Seine poetische Laufbahn, der ich leichter folgen konnte als der philosophischen, hat auch unser Wesen noch fester aneinander gefesselt. — Dies alles ist nur für Ihr Herz, lieber Sohn! Ich würde zu keinem Menschen sonst so sprechen, so sprechen können. Aber sie sollen nur fühlen, daß ich unersetzlich verlor, daß ich alle höheren Kräfte meines Geistes zusammennehmen muß, um dieses Leben zu ertragen. — Sie sollen Zeuge meines Lebens sein, daß ich nicht unwert bin, die Gefährtin eines solchen Geistes zu sein, daß ich jetzt durch meinen Mut, durch meine Resignation auch zeigen will, daß ich meinen Geist an Schillers Beispiel zu stärken verstand."

Eine Liebe, die solchen Ausdruck findet, ist die, von der geschrieben steht: Sie hört nimmer auf!

Neuntes Kapitel.
Freud und Leid.

*Des Lebens ungemischte Freude
Ward keinem Irdischen zuteil.*

Einige Tage vor der Hochzeit reiste Schiller nach Erfurt, wo beide Schwestern weilten. Am 21. Februar machten sich die drei auf den Weg nach Jena; an demselben Tage wurde das Paar „ein vor allemal" proklamiert. Beide wollten ihre Vereinigung in aller Stille feiern und jedes Aufsehen vermeiden. Tief angelegte Menschen finden kein Gefallen daran, den ernsten und herzbewegenden Vermählungstag mit leerem Lärm und thörichtem Trubel zu begehen. — In den Kreisen der Universitätsangehörigen wurde freilich von der bevorstehenden Hochzeit des beliebten Lehrers und berühmten Dichters allerlei gemunkelt; aber alle Anschläge der Professoren und Studenten, diesen zu überraschen, wurden hintertrieben. In der Morgenfrühe des 22. Februar reisten die drei wieder ab, um die von Rudolstadt kommende Mutter einzuholen. Bald darauf hielt der Wagen vor der schmucklosen kleinen Dorfkirche von Wenigenjena. Hier

harrte der Geistliche, Pastor Schmidt, bereits des
Brautpaares. So betrat dieses, nur von Mutter
und Schwester begleitet, den geheiligten Raum,
um vor dem Altare Gottes den Bund der Herzen
zu besiegeln. Werfen wir noch einen Blick in
das Kirchenbuch, das die Trauung folgen=
dermaßen beurkundet: „Im Jahre Siebenzehn=
hundert und Neunzig den zwei und zwanzigsten
(22) Februar Nachmittags halb 6 Uhr ist Herr
Friedrich Schiller, Fürstl. Sächs. Meiningscher
Hofrat und öffentlicher Lehrer der Weltweisheit
in Jena, Herrn Joh. Friedr. Schillers Haupt=
manns in Herzogl. Württembergischen Diensten,
eheleiblich einziger Herr Sohn mit Fräulein
Luise Charlotte Antoinette von Lengefeld, wei=
land Herrn Karl Christoph von Lengefeld, Fürstl.
Schwarzburgsch. Rudolst. Jägermeister und
Kammerraths zu Rudolstadt hinterlassener ehe=
leiblicher zweiter Tochter, nachdem sie Tags
vorher als am Sonntage Invocavit zu Jena
einmal vor allemal proklamiert, auf Concession
des Herrn Superintendenten Oemlers allhier in
aller Stille getraut wurden."

Schiller begab sich dann mit seiner jungen Frau
nach Jena zurück. Wie glücklich beide waren,
mögen sie uns selbst sagen. Am 1. März schreibt

der junge Ehemann an Körner: "Ich fühle mich glücklich, und alles überzeugt mich, daß meine Frau es durch mich ist und bleiben wird. Unsere Einrichtung ist gut ausgefallen, und ich gefalle mir in dieser neuen Ordnung gar sehr. — Was für ein schönes Leben führe ich jetzt! Ich sehe mit fröhlichem Geiste um mich her, und mein Herz findet eine immerwährende sanfte Befriedigung außer sich, mein Geist eine so schöne Nahrung und Erholung. Mein Dasein ist in eine harmonische Gleichheit gerückt; nicht leidenschaftlich gespannt, aber ruhig und hell gingen mir diese Tage dahin. Ich habe meiner Geschäfte gewartet, wie zuvor und mit mehr Zufriedenheit mit mir selbst."

Lottchen dagegen schreibt einige Tage später an ihren Vetter Wilhelm von Wolzogen: "Du mußt nun wissen, daß ich seit vierzehn Tagen Schillers Frau bin. Da uns die herzlichste, innigste Liebe verbindet, kannst Du denken, daß wir glücklich sind und es bleiben werden. Ich ahnte nie so viel Glück in der Welt, als ich nun gefunden. Das Herz findet sich bei der Liebe zu Schiller mit tausend starken Banden an ihn gebunden, und auch ich werde ihm durch meine Liebe sein Leben immer

freundlich erhellen, und er ist glücklich, sagt
mir mein Herz. Lieber Wilhelm, wer hätte
es denken sollen, daß es so werden würde, als
Du uns meinen Schiller zum ersten Male vor-
führtest? Dank Dir, Dank dem Schicksal, das
mir meine Freuden durch Dich gab!"

In dem erwähnten Schillerschen Briefe
giebt uns der letzte Satz den Beweis, daß der
Dichter von Anfang an die Ehe keineswegs
als den Hafen der Ruhe ansah, in welchem sein
Lebensschifflein träge auf leichtbewegter Welle
schaukeln mochte. Wie alle kraftvollen Naturen
betrachtete er sie im Gegenteil als eine segens-
reiche Anstalt, die ihm zu noch freierer und
größerer Entfaltung seiner Kräfte dienen sollte.
Daß er sich in dieser Ansicht und Hoffnung
nicht täuschte, zeigen die unsterblichen Werke,
die zu schaffen ihm jetzt erst gelang, „Werke,
welche nur auf dem Grunde der höchsten, ja
zum Teil einer spielenden Gemütsfreiheit zu
denken sind." Daß ihm dieser Segen zuteil
ward, bleibe seiner Charlotte ewig unvergessen!
Eine trefflichere Lebensgefährtin hätte ihm nicht
werden können. — Karoline bemerkt, daß Schiller,
seitdem ihn ein sicheres, ruhiges Hausleben beglückte, mit Menschen und Verhältnissen, die

sonst oft seine Unzufriedenheit erregt hatten, ausgesöhnt war. „Seiner Frau suchte er eine angenehme Geselligkeit zu bereiten. Das Griesbachische und Paulussche Haus gewährten eine anmutige Unterhaltung, die durch das musikalische Talent und die schöne Stimme der Frau Paulus einen besonderen Reiz gewann. Schiller liebte sehr die Musik und hatte sie gern in einem Nebenzimmer, wenn er in seiner Arbeitsstube auf- und abging und sich einer dichterischen Stimmung überließ. Dies bewog meine Schwester, noch weiteren Unterricht im Klavierspielen zu nehmen. Das Lied von Gluck: „Einen Bach, der fließt" brachte ihm immer die angenehmsten Phantasien."

Ohne Frage hat die Schwägerin recht, wenn sie behauptet, daß dieses Jahr eines der glücklichsten im Leben des Dichters gewesen sei. Seine Briefe lassen darüber keinen Zweifel aufkommen. Eine schöne Blüte dieses Jahres war das große Werk: „Geschichte des dreißigjährigen Kriegs," das in den Jahrgängen 1791—93 des von Göschen verlegten Damen-Kalenders erschien. Daß es dabei nicht auf ein gelehrtes Fachwerk abgesehen war, geht schon daraus hervor, daß der Verfasser es zunächst für gebildete Frauen bestimmte. Es ist durchaus ein Erzeugnis der Begeisterung; das dramatische Interesse an dem großen Stoff überwog das rein historische. Die zwei hervorragendsten Gestalten dieses für unser Vaterland leider so unheilvollen Trauerspiels des 30jährigen Kriegs — Wallenstein und Gustav Adolf — erregten Schillers Teilnahme mehr als alles übrige; nachdem diese beiden von der Bühne abtreten, werden die ferneren Ereignisse bis zum westfälischen Frieden nur summarisch erzählt.

Neben solcher ernsten Arbeit suchte der Dichter nach den mannigfachsten Richtungen hin dem Leben für sein junges Eheglück sonnige Seiten abzugewinnen. So führte er in den Osterferien seine Frau nach Rudolstadt, wo beide die angenehmsten Tage verlebten und sich wohl schmecken ließen, was liebende Verwandte den Gästen auftischten. „Wir leben hier gar angenehme Tage," schreibt er dem Freunde, „ich in der schönen Reminiscenz der vorigen Zeiten, wenn ich die Plätze besuche, wo ich meine ehemaligen, in mich selbst verschlossenen Empfindungen wiederfinde, und meine Frau im Umgang mit einigen alten Bekannten, die ihr lieb geblieben sind. Meine Schwiegermutter freut sich unsers Glücks und teilt es mit

uns. Meine übrigen Verwandten von hier er=
setzen mir das Leere ihres Umgangs durch eine
herzliche Gutmütigkeit und durch treffliche Torten
und Pasteten." — „Es lebt sich doch ganz
anders an der Seite einer lieben Frau," schreibt
er nach seiner Rückkehr, „als so verlassen und
allein, auch im Sommer. Jetzt erst genieße ich
die schöne Natur ganz und mich in ihr. Es
kleidet sich wieder um mich herum in dichterische
Gestalten, und oft regt sich's wieder in meiner
Brust . . . Ich wundere mich selbst über den
Mut, den ich bei meinen drückenden Arbeiten
beibehalte, eine Wohlthat, die ich nur meiner
häuslichen Existenz verdanke. Ich bin täglich
vierzehn Stunden, lesend oder schreibend, in Arbeit,
und dennoch gehts so leidlich wie sonst nie."

Noch eine spätere briefliche Aeußerung
des Dichters möge diese wahrhaft harmonische
Ehe bezeugen. Sie lautet: „Mir macht es,
auch wenn ich Geschäfte habe, schon Freude,
mir zu denken, daß sie (Lotte) um mich ist, und
ihr liebes Leben und Weben um mich herum,
die kindliche Reinheit ihrer Seele und die Innig=
keit ihrer Liebe giebt mir selbst eine Ruhe und
Harmonie, die bei meinem hypochondrischen
Uebel ohne diesen Umstand unmöglich wäre."

Welch ein traulicher, herziger Ton ist in allen
diesen Briefen vernehmbar, und wie mutet es
uns an, wenn Schiller in einem derselben seiner
Schwägerin erzählt, daß Lottchen an einem bestimmten Tage zum ersten Mal einer Vorlesung
ihres Gemahls im Kabinett neben dem Auditorium zugehört, daß sie ihm dabei Thee bereitet,
und daß sie sich anfangs recht vor den Studenten
gefürchtet habe!

Dieses glückliche Jahr war unserm Schiller
auch insofern ein gesegnetes, als es ihm eine
Reihe bedeutsamer und werter Bekanntschaften
verschaffte. Wir erwähnen besonders den edlen
Novalis — Friedrich von Hardenberg — der
damals als Student in Jena weilte. In zu-
traulichster Weise schloß er sich dem von ihm
hochverehrten Dichter an und wurde von diesem
in herzlichster Weise aufgenommen. Schillers
Freund Reinhold führte ihm einen begeisterten
Verehrer in der Person des dänischen Dichters
Baggesen zu, der von einer Alpenreise wieder
in seine nordische Heimat zurückkehren wollte.
Als er in Kopenhagen anlangte, ward er nicht
müde, seinen vornehmen Gönnern und Freunden,
dem Erbprinzen Christian Friedrich von Hol-
stein=Augustenburg und dem Minister Grafen

von Schimmelmann, mit größter Begeisterung
von dem Dichter des „Don Carlos" zu erzählen.
Es sollte sich bald genug zeigen, wie folgenreich
gerade die Beziehungen zu diesen ausländischen
Verehrern für Schiller waren.

Auf die Tage des Sonnenscheins folgte
eine trübe, leidenvolle Zeit.

> Auch aus entwölkter Höhe
> Kann der zündende Donner schlagen;
> Darum in deinen glücklichen Tagen
> Fürchte des Unglücks tückische Nähe!

Den Ernst dieser seiner Mahnung hat Schiller
bald nach Ablauf des für ihn so reich gesegneten
Jahres 1790 an sich selbst schmerzlich erfahren,
und mit ihm sein geliebtes Weib! Beide befanden sich bei Freunden in Erfurt zum Neujahrsbesuch. Hier zog sich der Dichter, als er
mit Lotte einem Konzert beiwohnte, ein heftiges
Katarrhfieber zu. Scheinbar genesen, begab er
sich etwa eine Woche später nach Jena zurück.
Doch kaum hatte er seine Vorlesungen an der
Universität wieder begonnen, als ein Rückfall ihn
auf das Lager niederstreckte. Das Fieber steigerte
sich; eine lebensgefährliche Brust- und Unterleibsentzündung ließ das Schlimmste befürchten.

In diesen Tagen des Kummers zeigte es

sich, wie groß die Liebe und Verehrung war, die der kranke Dichter sich in Jena erworben hatte. Jeder wollte ihm hülfreiche Teilnahme beweisen. Viele Studenten, die zu seinen Füßen gesessen hatten, boten sich zur Pflege an, wollten Nachtwachen bei dem geliebten Lehrer über=
nehmen. Das mag ein herzerhebender Trost für Lottchen gewesen sein. Erst Ende Februar trat eine langsame Genesung ein; doch beängstigende Brustkrämpfe blieben zurück. Schiller hat sich überhaupt nie wieder völlig erholt, und gewisser als jeder andere wußte er, daß ihm ein frühes Ziel gesetzt sei. Um so erhabener erscheint uns sein großes Bild: ein schwerwunder Mann, der Schritt für Schritt dem Tode das Höchste und Größte abzuringen sucht, um der Wahrheit, der Tugend, dem Göttlichen bis zum letzten Atemzuge zu dienen!

Am 22. Februar schreibt Schiller seinem Körner: „Endlich nach einer langen Unter=
brechung kann ich mich wieder mit Dir unter=
halten. Meine Brust, die noch immer nicht ganz hergestellt ist, erlaubt es nicht, daß ich viel schreibe. — — — — Erst acht Tage nach Aufhören des Fiebers vermochte ich einige Stunden außer dem Bette zuzubringen, und es

stand lange an, bis ich am Stocke herumkriechen konnte. Die Pflege war vortrefflich, und es trug nicht wenig dazu bei, mir das Unangenehme der Krankheit zu erleichtern, wenn ich die Aufmerksamkeit und die thätige Teilnahme betrachtete, die von vielen meiner Auditoren und hiesigen Freunden mir bewiesen wurde. Sie stritten sich darüber, wer bei mir wachen dürfte, und einige thaten dieses dreimal in der Woche. Der Anteil, den man sowohl hier als in Weimar an mir nahm, hat mich sehr gerührt. Nach den ersten zehn oder zwölf Tagen kam meine Schwägerin von Rudolstadt und ist noch hier; ein höchst nötiger Beistand für meine liebe Lotte, die mehr gelitten hat als ich. Auch meine Schwiegermutter besuchte mich auf acht Tage; und diesem innigen Leben mit meiner Familie, dieser liebevollen Sorge für mich, den Bemühungen meiner anderen Freunde, mich zu zerstreuen, danke ich größtenteils meine frühere Genesung. Zu meiner Stärkung schickte mir der Herzog ein halbes Dutzend Bouteillen Madeira, die mir neben ungarischen Weinen vortrefflich bekommen."

Schiller war durch seine Krankheit gezwungen, die öffentlichen Vorlesungen aufzugeben. Von Rudolstadt aus, wo er in Begleitung seiner Frau und Schwägerin Erholung suchte, schrieb er um Ostern dem Freunde, daß der Herzog ihn vom Lesen dispensiert habe; — „indessen dispensierte es sich von selbst, denn ich würde nicht gekonnt haben, was mir unmöglich ist." In demselben Briefe heißt es weiter: „Mein Gemüt ist übrigens heiter, und es soll mir nicht an Mut fehlen, wenn auch das Schlimmste über mich kommen wird!" Und es kam das Schlimmste! Ein plötzlicher Anfall von schweren Brustkrämpfen brachte ihn in Rudolstadt dem Tode nahe. Er selbst glaubte, daß seine letzte Stunde geschlagen habe. Wohl war ihm das Leben lieb und wert — wie hätte es jetzt auch anders sein können! — doch ergab er sich mit männlicher Fassung in das Unvermeidliche und suchte seine Lieben zu trösten. „Dem allwaltenden Geiste müssen wir uns ergeben und wirken, so lange wir vermögen," sagte er. Er wünschte, daß man die Freunde zu ihm kommen lassen möge, damit sie lernten, wie man ruhig sterben könne. Als das Sprechen anfing ihm schwer zu werden, schrieb er auf ein Blatt Papier: „Sorget für eure Gesundheit; man kann ohne das nicht gut sein!"

Doch die Krämpfe ließen nach, und die Herzen öffneten sich aufs neue der Hoffnung; auch der Arzt sprach ihnen Mut ein. „Es wäre doch schön, wenn wir noch länger beisammen blieben," sagte der Kranke mit heiterm Blick zu den beiden Schwestern.

Und sie blieben noch länger beisammen. Langsam schritt die Genesung fort. Bald machte er wieder Pläne zu neuen Arbeiten; in schlaflosen Nächten las er viel, namentlich Reisebeschreibungen. Leider brachte er dadurch eine gewisse Unordnung in seine Schlafens- und Wachenszeit, die hinfort nicht wieder abgestellt wurde. Mit Vorliebe spielte er in schlaflosen Nächten Karten; er fand, daß er besser thäte, sich unter einer leichten Beschäftigung vom Schlaf übermannen zu lassen, als auf ihn zu warten.

Im Juli ging Schiller mit seiner Frau nach Karlsbad, um hier neue Lebenskraft zu zu gewinnen. Die Reise ging über Eger, und da versäumte er nicht, sich den Schauplatz der Ermordung Wallensteins genau anzusehen. In Karlsbad, wo zahlreiches österreichisches Militär anwesend war, that er bedeutsame Einblicke in die Kriegswelt, die er in seinem großen Drama

„Wallenstein" so anschaulich darzustellen weiß. Endlich ging er nach Erfurt und verweilte hier den Herbst hindurch. Aber überall war er, soweit seine Gesundheit es irgend gestattete, unausgesetzt thätig. Dabei drückten ihn schwere Sorgen. Seine Krankheit und die kostspieligen Reisen, aus früheren Verhältnissen stammende Schulden, eine trotzalledem noch von ihm übernommene Bürgschaft: das alles brachte ihn in große Bedrängnis, und Sorgen sind für einen Kranken doppelt Gift! Freilich half Herzog Karl August bereitwillig, als der leidende Dichter ihn geradezu um Unterstützung bat; allein die Zukunft lag dennoch dunkel vor seinen Augen, bis ein heller, glänzender Sonnenstrahl mit einem Schlage alle trüben Wolken verscheuchte und in des Kranken Herz das beste aller Heilmittel hineinsenkte: die Freude!

Zehntes Kapitel.

Fern — und doch nah!

> Wem der große Wurf gelungen,
> Eines Freundes Freund zu sein,
> Wer ein holdes Weib errungen,
> Mische seinen Jubel ein.

Sicherlich war jeder Brief, den Körner von seinem großen Freunde erhielt, für ihn eine Herzenserquickung, aber gewiß hat keiner ihm größere Freude bereitet, als der vom 13. Dezember 1791. Auch wir möchten gerne wissen, was dieser Brief enthält und gucken dem Empfänger einmal über die Schulter. Wir lesen:

„Ich muß Dir unverzüglich schreiben, ich muß Dir meine Freude mitteilen, lieber Körner. Das, wonach ich mich schon, so lange ich lebe, aufs feurigste gesehnt habe, wird jetzt erfüllt. Ich bin auf lange, vielleicht auf immer aller Sorgen los; ich habe die längst gewünschte Unabhängigkeit des Geistes. Heute erhalte ich Briefe aus Kopenhagen vom Prinzen von Augustenburg und vom Grafen von Schimmelmann, die mir auf drei Jahre jährlich tausend Thaler zum Geschenk anbieten, mit völliger Freiheit, zu bleiben, wo ich bin, bloß um mich von meiner Krankheit völlig zu erholen, aber die Delikatesse und Feinheit, mit der der Prinz mir dieses Anerbieten macht, könnte mich noch mehr rühren, als das Anerbieten selbst. Wie mir jetzt zu Mute ist, kannst Du denken. Ich habe die nahe Aussicht, mich ganz zu arrangieren, meine Schulden zu tilgen, und, unabhängig von Nahrungssorgen, ganz den Entwürfen meines Geistes zu leben. Ich habe endlich einmal Muße, zu lernen und zu sammeln und für die Ewigkeit zu arbeiten."

Suchen wir jetzt zu erfahren, woher die genannten edlen Männer im Norden die Anregung zu ihrer unvergeßlichen That erhalten hatten. Wir hörten bereits im vorigen Kapitel, daß der Verehrer Schillers — Baggesen —, der zu beiden Herren in freundschaftlichen Beziehungen stand, ihnen viel von dem großen deutschen Dichter erzählt und sie mit dessen Werken eifrigst bekannt gemacht hatte. So ward ihnen zu ihrer innigsten Betrübnis auch die Kunde von Schillers gefährlicher Erkrankung. Im Juni hatten die drei Freunde beschlossen, gemeinschaftlich ein idyllisches, der Poesie geweihtes Fest mit ihren Frauen zu feiern. In Hellebeck, am waldumsäumten Uferrande der Ostsee, sollte es geschehen; keinem andern als dem geliebten Schiller sollte der Tag gewidmet sein. Schon war Baggesen bereit, mit seiner Frau den Wagen zu besteigen, als er von der Gräfin Schimmelmann ein Billet erhielt des Inhalts, daß das Fest nicht stattfinden könne, weil — Schiller tot sei! Aufs furchtbarste erschüttert, sank er halb ohnmächtig seiner Frau in die Arme. Dann schrieb er an seinen und Schillers gemeinsamen Freund in Jena: „Ich kann Ihnen nicht beschreiben, wie meine ganze Seele zittert, wie mein Herz blutet bei dieser schrecklichen Nachricht. Ist's möglich? Unser Schiller ist gestorben? — — — O, was haben wir an diesem seltenen Geiste verloren! Er stieg herrlich den Dichterhimmel hinauf, was würde er in seinem Meridian geworden sein!"

Doch der wackere Baggesen gab seiner Teilnahme nicht nur in Worten Ausdruck. Die Freunde beschlossen bei ihrer Zusammenkunft, eine Totenfeier für den deutschen Dichter zu veranstalten. Man vereinigt sich mit noch anderen Verehrern in Hellebeck zu einem festlichen Mahl. Der Champagner perlt in den Gläsern. Nun erhebt sich Baggesen und beginnt zu lesen: „Freude, schöner Götterfunken!"

Eine herrliche Musik ertönt, und alle Anwesenden fallen überwältigt in die schöne Melodie des Liedes ein. Als alle Strophen mit nie erlebter Begeisterung gesungen sind, fährt Baggesen recitierend fort:

> Unser toter Freund soll leben,
> Alle Freunde stimmet ein,
> Und sein Geist soll uns umschweben
> Hier in Hella's Himmelshain.
>
> Jede Hand emporgehoben!
> Schwört bei diesem freien Wein:
> Seinem Geiste treu zu sein
> Bis zum Wiedersehn dort oben!

Kein Auge bleibt thränenleer! Und nun erscheinen vier Knaben und vier Mädchen, um im Hirtenkostüm, mit Blumen bekränzt, einen anmutigen Reigen aufzuführen. Darauf werden Schillersche Gedichte recitiert, seine meisten Schriften gelesen und besprochen. Drei Tage bleiben alle beieinander; sie können sich, unter der Wirkung dieses großen Geistes stehend, nicht trennen!

Schiller erfuhr diesen Vorgang; wie es ihn rührte und erschütterte, mag jeder sich ausmalen! Dann zeigte Reinhold ihm Baggesens Briefe. Lotte zog Reinhold bei Seite: — „Wenn Sie Baggesen schreiben, so sagen Sie ihm — schreiben Sie ihm — —." Sie kann, von gewaltiger

Bewegung übermannt, nicht weiter, und Rein=
hold antwortete: „Ich kann ihm nichts Rühren=
deres schreiben, als was ich jetzt sehe und
höre!" — Er that es und schrieb dem dänischen
Poeten außerdem, daß Schiller sich vielleicht
ganz erholen und wieder zu fester Gesundheit
gelangen könne, „wenn derselbe nicht im Fall
einer Krankheit unschlüssig sein mußte, ob er sein
Gehalt von 200 Thalern in die Apotheke oder in
die Küche schicken sollte." Diesen Brief übermittelte
Baggesen seinen beiden vornehmen Gönnern.

Kurz darauf ging ein von dem Erb=
prinzen von Holstein=Augustenburg und dem
Grafen von Schimmelmann unterzeichnetes
Schreiben an Schiller ab. Es ist eines der
köstlichsten Dokumente fürstlichen Edelsinns und
lautet: „Zwei Freunde, durch Weltbürgersinn
miteinander verbunden, erlassen dieses Schreiben
an Sie, edler Mann! Beide sind Ihnen un=
bekannt, aber beide verehren und lieben Sie.
Beide bewundern den hohen Flug Ihres Genius,
der verschiedene Ihrer neuern Werke zu den er=
habensten unter allen menschlichen stempeln
konnte. Sie finden in diesen Werken die Denk=
art, den Sinn, den Enthusiasmus, welcher das
Band der Freundschaft knüpfte, und gewöhnten

sich bei ihrer Lesung an die Idee, den Verfasser desselben als Mitglied ihres freundschaftlichen Bundes anzusehen. Groß war also auch ihre Trauer bei der Nachricht von seinem Tode, und ihre Thränen flossen nicht am sparsamsten unter der großen Zahl von guten Menschen, die ihn kennen und lieben. Dieses lebhafte Interesse, welches Sie uns einflößen, edler und verehrter Mann, verteidigt uns bei Ihnen gegen den Anschein von unbescheidener Zudringlichkeit. Es entfernt jede Verkennung der Absicht dieses Schreibens; wir faßten es ab mit einer ehrerbietigen Schüchternheit, welche uns die Delikatesse Ihrer Empfindungen einflößt. Wir würden diese sogar fürchten, wenn wir nicht wüßten, daß auch in der Tugend edlen und gebildeten Seelen ein gewisses Maß vorgeschrieben ist, welches sie nicht überschreiten darf. — — — — Ihre durch allzu häufige Anstrengung und Arbeit geschwächte Gesundheit bedarf, so sagt man uns, für einige Zeit eine große Ruhe, wenn Sie wieder hergestellt und die Ihrem Leben drohende Gefahr abgewendet werden soll. Allein Ihre Verhältnisse, Ihre Glücksumstände verhindern Sie, sich dieser Ruhe zu überlassen. Wollen Sie uns wohl die Freude gönnen, Ihnen den Genuß derselben zu erleichtern? Wir bieten Ihnen zu dem Ende auf drei Jahre ein Geschenk von tausend Thalern an. Nehmen Sie dieses Anerbieten an, edler Mann! Der Anblick unserer Titel bewege Sie nicht, es abzulehnen; wir wissen diese zu schätzen. Wir kennen keinen Stolz als nur den, Mensch zu sein, Bürger in der großen Republik, deren Grenzen mehr als das Leben einzelner Generationen, mehr als die Grenzen des Weltalls umfassen. Sie haben nur Menschen, Ihre Brüder, vor sich, nicht eitle Große, die durch solchen Gebrauch ihrer Reichtümer nur einer etwas edleren Art von Stolz fröhnen. — Es wird von Ihnen abhängen, wo Sie diese Ruhe des Geistes genießen wollen. Hier bei uns würde es Ihnen nicht an Befriedigung des Geistes fehlen, in einer Hauptstadt, die der Sitz der Regierung, zugleich eine große Handelsstadt ist und sehr schätzbare Büchersammlungen enthält. Hochachtung und Freundschaft würden von mehreren Seiten wetteifern, Ihnen den Aufenthalt in Dänemark angenehm zu machen, denn wir sind nicht die Einzigen, die Sie kennen und lieben. Und wenn Sie nach wiederhergestellter Gesundheit wünschen sollten, im Dienste des Staates angestellt zu sein, so würde es uns nicht schwer fallen, diesen Wunsch zu befriedigen. Doch wir sind nicht so klein eigennützig, diese Veränderung zu einer Hauptbedingung zu machen. Wir überlassen dieses Ihrer eigenen, freien Wahl. Der Menschheit wünschen wir einen ihrer Lehrer zu erhalten, und diesem Wunsche muß jede andere Betrachtung nachstehen."

Das Anerbieten wurde so aufgenommen, wie es allein eines Schillers würdig war. Es bedurfte freilich mehrerer Tage, ehe er sich innerlich so weit gesammelt hatte, um den edlen Männern seinen Herzensdank zu sagen. Anfangs wollte er auch der Einladung nach Kopenhagen in ihrem Sinne Folge leisten; doch nahm er sich später vor, dort nur einen Besuch zu machen, nicht aber sein deutsches Vaterland gänzlich zu verlassen. So blieb dieses glücklicherweise vor der Schande bewahrt, die es getroffen, wenn das Ausland die Versorgung eines seiner größten Söhne übernommen hätte! Drei Jahre lang bezog Schiller die ihm angebotene Pension von tausend Thalern. Jenen Edlen bleibe es unvergessen, was sie unserm Schiller dadurch Gutes thaten!

Elftes Kapitel.

In der Heimat.

*Er zählt die Häupter seiner Lieben,
Und sieh', ihm fehlt kein teures Haupt!*

Im April 1792 konnte der Dichter die lange in Aussicht genommene Reise nach Dresden endlich unternehmen. Seine Frau begleitete ihn. Wie mag der herzliche Verkehr mit Körner und dessen trefflicher Gattin beide erquickt und gehoben haben! — Bald nach seiner Rückkehr vollendete Schiller sein großes Werk über den „dreißigjährigen Krieg." „Jetzt bin ich frei," schrieb er dem Freunde, „und will es für immer bleiben. Keine Arbeit mehr, die mir ein Anderer auflegt oder die einen andern Ursprung hat, als Liebhaberei und Neigung." Kurz darauf ward ihm eine Überraschung freudigster Art: der Besuch seiner geliebten Mutter, sowie der jüngsten Schwester, die er zuletzt als fünfjähriges Kind gesehen hatte. Wie bewegt mögen bei solchem Wiedersehen nach zehnjähriger bitterer Trennung ihre Herzen gewesen sein!

Aber noch ein anderes Herz sehnte sich nach dem Anblick des großen Sohnes. Beim

Abschiede mußte dieser der Mutter versprechen, daß er bald nachkommen wolle — vor allem um des jetzt siebenzigjährigen Vaters willen. Im nächsten Sommer erfüllte er sein Versprechen. Er that es auch Lottchens wegen, die seit längerer Zeit ebenfalls leidend war. Ihnen beiden sollte der südlichere Himmel in der schwäbischen Heimat, wie er hoffte, Genesung bringen.

In einem für die weite Reise gemieteten Wagen fuhren die Gatten zunächst nach Nürnberg, wo sie einer Verabredung gemäß mit Freund Baggesen und dessen Frau zusammentrafen. Dann ging's weiter auf die damalige freie Reichshauptstadt Heilbronn zu; hier wollte Schiller vorläufig seinen Aufenthalt nehmen. Wenige Meilen nur trennten ihn noch vom Vaterhause; dahin trieb ihn sein Herz. Welch ein Wiedersehn! Weit hinweg von Heimat und Eltern hatte das Schicksal den einzigen Sohn geführt; doch die Herzen waren beieinander geblieben. Mit gerechtem Stolz, doch sorgenvoll mag das Auge des biedern Majors auf dem leiddurchfurchten Antlitz des Sohnes geruht haben, während dieser über das fast jugendlich frische, gesunde Aussehen des Vaters hoch erfreut war. Seinem Körner meldete er:

— Elftes Kapitel —

"Der Vater ist in ewiger Thätigkeit, und das ist, was ihn gesund und jugendlich erhält. Meine Mutter ist auch von ihren Zufällen frei geblieben und wird wahrscheinlich ein hohes Alter erreichen. Meine jüngste Schwester ist ein hübsches Mädchen geworden und zeigt viel Talent; die zweite Schwester versteht die Wirtschaft gut und führt jetzt in Heilbronn meine Oekonomie."

Die guten Heilbronner wußten die Ehre zu schätzen, daß der berühmte Jenaer Professor innerhalb ihrer Stadtmauern Zuflucht suchte. Einer der Senatoren wurde an den Gast abgeordnet, um ihm im Namen des Magistrats "vergnügten Aufenthalt" zu wünschen.

In Schwaben lebte noch ein unvergeßlicher Bekannter, über dessen Gesinnung unser Freund gerne Gewißheit gehabt hätte: Der Herzog Karl Eugen von Württemberg. Bald nach seiner Ankunft in Heilbronn richtete er an ihn ein höfliches Schreiben im Tone des ehemaligen Zöglings. Er erhielt keine Antwort. Der frühere fürstliche Zuchtmeister war ein alter, hinfälliger Mann geworden und dem Tode nahe. Immerhin bewies er dem früheren Eleven, daß er seiner nicht mehr mit kleinlichem Groll gedachte.

Freunde berichteten, der Herzog habe geäußert, daß Schiller von ihm ignoriert werden würde, und damit war dieser wohl zufrieden.

Vier Wochen später zog Schiller mit seiner Frau nach Ludwigsburg, wo seine Angehörigen ihn so oft wie möglich besuchten. Hier schenkte Lotte ihm seinen erstgeborenen Sohn. „Wünsche mir Glück," schrieb er an Körner, „ein kleiner Sohn ist da. Die Mutter ist wohlauf, der Junge groß und stark." Ein Jugendfreund erzählt als Augenzeuge von der zärtlichen Vaterfreude, die Schiller an den Tag legte. Er gab seinem Erstgeborenen den Namen Karl.

Eine Reihe von Jugendfreunden sammelte sich in Ludwigsburg um unsern Dichter. Unter ihnen erwähnen wir vor allem Wilhelm von Hoven, den er von seinem dreizehnten Lebensjahre an als Herzensfreund betrachtete, und der jetzt als vielbeschäftigter Arzt hier thätig war. Besonders bemerkenswert ist eine Stelle aus Hovens Erinnerungen, die folgendermaßen des großen Freundes gedenkt: „Von unsern Empfindungen beim Wiedersehen sage ich nichts; ich sage nur, wie ich Schillern nach einer Trennung von zehn Jahren wiedergefunden habe. Ich fand einen ganz andern Mann an ihm.

— Elftes Kapitel —

Sein jugendliches Feuer war gemildert; er hatte weit mehr Anstand in seinem Betragen; an die Stelle seiner vormaligen Nachlässigkeit im Anzuge war eine anständige Eleganz getreten, und seine hagere Gestalt, sein blasses, kränkliches Aussehen vollendete das Interessante seines Anblicks bei mir und allen, die ihn früher näher gekannt hatten. Leider war der Genuß seines Umgangs häufig, fast täglich durch seine Krankheitsanfälle gestört; aber in den Stunden des Besserbefindens — in welcher Fülle ergoß sich da der Reichtum seines Geistes! wie liebevoll zeigte sich sein weiches, teilnehmendes Herz! wie sichtbar drückte sich in allen seinen Reden und Handlungen sein edler Charakter aus! wie anständig war jetzt seine sonst etwas ausgelassene Jovialität! wie würdig waren selbst seine Scherze! Kurz, er war ein vollendeter Mann geworden!"

In dieser Zeit arbeitete der Dichter täglich — und wie oft auch in nächtlichen Stunden! — an seinem großen Drama „Wallenstein," das anfangs in Prosa geschrieben war. Er las die ersten Teile seiner Schwägerin Karoline vor, und vielleicht danken wir es dem von ihr geäußerten Wunsche, daß der Dichter sich entschloß, dieses Werk gleich dem Don Carlos in das schöne rhythmische Gewand zu kleiden. Daneben entstanden die köstlichen „Briefe über die ästhetische Erziehung des Menschen." Außerdem vertiefte er sich mit rastlosem Eifer in das Studium der Werke Kants.

> Es schritt sein Geist gewaltig fort
> Ins Ewige des Wahren, Guten, Schönen.

Und bei alledem fand er noch hin und wieder eine freie Stunde, in welcher er seinen alten verehrten Lehrer Jahn, den Direktor der lateinischen Schule, dem das mühevolle Lehramt mehr und mehr herzlich sauer wurde, vertreten konnte! Solcher Schillerschen Lehrstunden erinnerten sich die damaligen Ludwigsburger Lateinschüler zeitlebens mit großer Begeisterung.

Im Oktober desselben Jahres erlosch auf Schloß Hohenheim das Leben des Herzogs Karl Eugen. Wie mußte wohl dieses Ereignis Schillers Gemüt bewegen! Jenes mächtigen Mannes Hand hatte zu fühlbar in sein Jugendleben eingegriffen, als daß ihn dessen Tod hätte unberührt lassen können. Dem Allbezwinger gegenüber, dessen eisigem Hauche kein Sterblicher zu widerstehen vermag, verstummen aber in einem edlen Herzen alle bitteren persönlichen Empfindungen. „Ich sah Schiller," sagt Hoven, „bei der Nachricht, daß der Herzog krank und seine Krankheit eine zum Tode sei, sehr bewegt, und die Nachricht von dem wirklich erfolgten Tode erfüllte ihn mit einer Trauer, als hätte er den Tod eines Freundes vernommen. Nie vergesse ich, was er mir einst auf einem Spaziergange, wo wir auf das fürstliche Begräbnis hinsehen konnten, über den hingeschiedenen Herzog sagte: „„Da ruht er also, dieser rastlos thätige Mann! Er hatte große Fehler als Regent, größere als Mensch; aber die ersten wurden von seinen großen Eigenschaften überragt, und das Andenken an die letzteren muß mit dem Toten begraben werden. Darum sage ich Dir, wenn Du, da er nun dort liegt, jetzt noch jemand nachteilig von ihm sprechen hörst, traue diesem Menschen nicht; er ist kein guter, wenigstens kein edler Mensch."" Braucht es noch besonders hervorgehoben zu werden, daß die Gesinnung, die unsern großen Dichter solche Worte sprechen ließ, nicht anders als eine wahrhaft christliche genannt zu werden verdient? — Wie viele von denen, die — „schnell fertig mit dem Wort" — ihm ohne Bedenken Christentum absprechen, würden an seiner Stelle wohl ebenso milde geurteilt haben? —

Welch ein wunderbarer Scharfblick in

politischen Dingen unserm Schiller eigen war, beweist ein von seiner Schwägerin niedergeschriebener Ausspruch aus dieser Zeit. Die französische Revolution erregte selbstverständlich auch seine Teilnahme in hohem Grade; das Walten der Schreckensmänner aber, besonders die Hinrichtung des unglücklichen Königs von Frankreich, rief laute und derbe Aeußerungen sittlicher Entrüstung bei ihm hervor. Mit prophetischen Worten verkündigte er das baldige Ende der Republik: „Die französische Republik wird eben so schnell aufhören, als sie entstanden ist; die republikanische Verfassung wird in einen Zustand der Anarchie übergehen, und früher oder später wird ein geistvoller, kräftiger Mann erscheinen, er mag kommen, woher er will, der sich nicht nur zum Herrn von Frankreich, sondern auch vielleicht von einem großen Teile Europas machen wird." Diese Worte wurden zehn Jahre vor Napoleons des Ersten Kaiserkrönung gesprochen!

Sein Besuch in Stuttgart brachte dem Dichter um diese Zeit eine ungeahnte Ueberraschung. Ein damaliger Karlsschüler erzählt den Vorgang folgendermaßen: „Als Schiller 1793 die Akademie besuchte, war ich Zeuge von dem Enthusiasmus, mit dem er im großen Speisesaal von den vierhundert Zöglingen begrüßt wurde. Vor jeder Tafel, mit funfzig Gedecken jede, unter Begleitung des Intendanten der Akademie und seiner Offiziere anhaltend, empfing er mit Huld und sichtbarer Rührung unser lautes, klingendes Hoch." Welche Genugthuung mußte diese Huldigung dem Manne bereiten, wenn er sich vergegenwärtigte, was für Demütigungen er unter demselben Dache erduldet hatte! Als armer, geängstigter Flüchtling hatte er die Stadt verlassen, in der jetzt die durch seine unsterblichen Werke entflammte Jugend ihm ihre schwärmerische Begeisterung entgegenjubelte!

Ein dauerndes Denkmal freundschaftlicher Verehrung entstand bei einem längeren Aufenthalte in Stuttgart unter der Meisterhand des berühmten Bildhauers Dannecker, seines Jugendfreundes und ehemaligen Akademiegenossen. Karoline von Wolzogen erzählt: „Ich gedenke immer mit Rührung des Augenblicks, wo Dannecker, als er die letzte Hand an die Büste gelegt, zu mir ins Nebenzimmer trat; Thränen standen in seinen Augen, und er sagte: „Ach, es ist doch nicht ganz, was ich gewollt habe!" Wie spricht sich das Gefühl des ächten Genius, der immer ein höheres Ideal auch seiner vollkommensten Werke in sich trägt, so schön in diesen Worten aus! Dannecker führte sein Modell in Marmor aus. In Hinsicht auf treue, geistige Aehnlichkeit und zarte Ausführung ist die Büste, die sich jetzt auf der großherzoglichen Bibliothek zu Weimar befindet, ein wahres Kunstwerk, den besten dieser Art an die Seite zu setzen."

Zum Schluß möge hier noch erwähnt werden, daß der Dichter während seines Aufenthalts in der Heimat eine für ihn und seine schriftstellerischen Erfolge sehr bedeutsame Verbindung anknüpfte. In Tübingen lernte er nämlich den Verlagsbuchhändler Cotta kennen, der es als eine Ehre ansah, Schillers Werke zu verlegen und sich dem von ihm hochgeschätzten Autor gefällig zu erweisen, wo sich ihm dazu Veranlassung bot.

Zwölftes Kapitel.
Schiller und Goethe.

*Denn aus der Kräfte schön vereintem Streben
Erhebt sich wirkend erst das wahre Leben.*

An einem Maitage des Jahres 1794 nahm Schiller Abschied von seiner Heimat. Noch einmal überschaute er die in der Frühlingslandschaft prangenden geliebten Fluren; er sollte sie nicht wiedersehen! — Am 15. Mai traf er mit Weib und Kind wohlbehalten in Jena ein, von seinen Freunden, unter welchen besonders Wilhelm von Humboldt genannt zu werden verdient, freudig begrüßt.

Wenige Tage später hatte Schiller eine Begegnung mit Goethe, die nicht nur für sie beide, sondern für die Geschichte und Entwicklung unserer Litteratur als eines der bedeutsamsten und folgenreichsten Ereignisse angesehen zu werden verdient. Beide waren einander trotz der Bemühungen wohlmeinender Freunde bis dahin persönlich fern geblieben. Goethe weilte zu der Zeit, als Schillers Erstlingswerke so großes Aufsehen in deutschen Landen erregten, in Italien. Bei seiner Heimkehr konnten dieselben seinem geläuterten Kunstgeschmack unmöglich behagen; besonders „die Räuber" erregten seinen offenkundigen Unwillen. Hatte das wilde Stück doch auch anderen tüchtigen Männern durchaus mißfallen, wie dem Prinzen von Holstein und dem Grafen Schimmelmann; hat es doch in späteren Jahren niemand härter verurteilt als Schiller selbst. Erinnern wir uns ferner früher mitgeteilter Äußerungen Schillers, wonach es diesem außerordentlich schwer ward, sich in die Eigenart und den Charakter seines großen Rivalen hineinzufinden. „Ich will mich gern von Dir kennen lassen wie ich bin," schrieb er damals dem Freunde, „dieser Mensch, dieser Goethe ist mir einmal im Wege, und er erinnert mich so oft, daß das Schicksal mich hart behandelt hat. Wie leicht ward sein Genie von seinem Schicksal getragen, und wie muß ich bis auf diese Minute noch kämpfen!"

Wer möchte solcher bitteren Worte wegen mit dem Dichter rechten! Gar zu hart war das Schicksal mit ihm verfahren, während es Goethe auf leicht bewegter Flut wie spielend zu den Höhen des Lebens emporschaukelte. Schiller muß mit den kleinlichsten Sorgen des Lebensunterhalts kämpfen, muß zur unwürdigen

Lohnarbeit greifen, um nicht zu verhungern; er ist außerdem fortwährend krank und sieht einer trüben Zukunft ins Auge. Wie anders Goethe! Er kennt keinen Mangel, keine Nahrungssorgen, keine Gebrechen; alles scheint sich zu vereinigen, ihm ein glückliches Loos zu bereiten! Fast könnte man glauben, Schiller hätte ihn vor Augen gehabt, wenn er in einem Gedicht sagt:

> Wie leicht ward er dahingetragen,
> Was ward dem Glücklichen zu schwer!
> Wie tanzte vor des Lebens Wagen
> Die luftige Begleitung her:
> Die Liebe mit dem süßen Lohne,
> Das Glück mit seinem gold'nen Kranz,
> Der Ruhm mit seiner Sternenkrone,
> Die Wahrheit in der Sonne Glanz!

Aber diese beiden Männer mußten sich trotzalledem finden, wenn ihre Stunde gekommen war, denn sie waren es wert!

Eine zufällige Begegnung — den bedeutsamsten Ereignissen liegt ja so oft das zu Grunde, was wir kurzsichtigen Menschenkinder „Zufall" zu nennen pflegen — gab die Veranlassung zu dem Sichfinden.

An einem Juliabend 1794 trafen die beiden Männer zufällig im Flur eines Hauses zusammen, in welchem sie dem Vortrage eines Naturforschers zugehört hatten. Es entspann sich zwischen ihnen ein Gespräch über das Gehörte. Auf der Straße wird es fortgesetzt. Die lebhafte Unterhaltung reizt den Herrn Geheimrat, mit Schiller die Treppe zu dessen Wohnung hinaufzusteigen. Droben empfängt beide Frau Lotte — gewiß mit herzlicher Freude über diesen unerwarteten Besuch; wie innig hatte sie mit ihrer Schwester die Stunde herbeigesehnt, da diese zwei einander die Hand zum festen Bunde reichen würden! An diesem Abende war dazu der Anlaß gegeben.

> Ein edler Mensch zieht edle Menschen an
> Und weiß sie festzuhalten.

„Schillers Anziehungskraft war groß," sagt Goethe, „er hielt alle fest, die sich ihm näherten."

Schiller that nach der erwähnten Unterredung den ersten großen Schritt, sich mit Goethe menschlich zu verbinden. Am 23. August schrieb er ihm einen herrlichen Brief, in dem er „mit freundschaftlicher Hand die Summe von Goethe's Existenz zog," also den Kern und Entwicklungsgang seines Geistes ihm selbst darlegte. Er zeigte in diesem Briefe ein wunderbar tiefes Verständnis der Goetheschen Natur, und länger konnte dieser sich der Überzeugung nicht verschließen, daß Schiller der rechte Mann sei, aus dessen Verbindung ihm „ein zweiter Dichterfrühling" erblühen mochte. „Ich weiß wirklich nicht," äußerte er später, „was ohne die Schillersche Anregung aus mir geworden wäre." Aus Goethes Antwort auf jenen Brief heben wir besonders den Eingang hervor: „Zu meinem Geburtstage, der mir diese Woche erscheint, hätte mir kein angenehmeres Geschenk werden können als Ihr Brief. — — — Reiner Genuß und wahrer Nutzen kann nur wechselseitig sein, und ich freue mich, Ihnen gelegentlich zu entwickeln: was mir ihre Unterhaltung gewährt, wie ich von jenen Tagen an auch eine Epoche rechne, und wie zufrieden ich bin, ohne sonderliche Aufmunterung auf meinem Wege fortgegangen zu sein, da es nun scheint, als wenn wir, nach einem so unvermuteten Begegnen miteinander fortwandern müßten. Ich habe den redlichen und so seltenen Ernst, der in allem erscheint, was Sie geschrieben und gethan haben, immer zu schätzen gewußt, und ich darf nunmehr Anspruch machen, durch Sie selbst mit dem Gange Ihres Geistes, besonders in den letzten Jahren, bekannt zu werden. Haben wir uns wechselseitig die Punkte klar gemacht, wohin wir gegenwärtig gelangt sind, so werden wir desto ununterbrochener gemeinschaftlich arbeiten können."

Wenige Tage später wurde Schiller von Goethe in herzlichster Weise zu einem längeren Besuche bei ihm in Weimar eingeladen: „Nächste Woche geht der Hof nach Eisenach, und ich werde vierzehn Tage so allein und unabhängig sein, als ich sobald nicht wieder vor mir sehe. Wollten Sie mich nicht in dieser Zeit besuchen? Bei mir wohnen und bleiben? Sie würden jede Art von Arbeit ruhig vornehmen können. Wir besprächen uns in bequemen Stunden, sähen Freunde, die uns am ähnlichsten gesinnt wären, und würden nicht ohne Nutzen scheiden. Sie sollten ganz nach Ihrer Art und Weise leben, und sich wie zuhause möglichst einrichten. Dadurch würde ich in den Stand gesetzt, Ihnen von meinen Sammlungen das Wichtigste zu zeigen, und mehrere Fäden würden sich zwischen uns anknüpfen." Mit welcher Freude Schiller auf diese freundschaftliche Einladung einging, zeigt uns seine Antwort; zugleich giebt diese uns aber auch eine Vorstellung von seinem

leider sehr zerrütteten Gesundheitszustande. Der Eingang lautet: „Mit Freuden nehme ich Ihre gütige Einladung nach W. an, doch mit der ernstlichen Bitte, daß Sie in keinem einzigen Stück Ihrer häuslichen Ordnung auf mich rechnen mögen, denn leider nötigen mich meine Krämpfe gewöhnlich, den ganzen Morgen dem Schlafe zu widmen, weil sie mir des Nachts keine Ruhe lassen, und überhaupt wird es mir nie so gut, auch den Tag über auf eine bestimmte Stunde sicher zählen zu dürfen. Sie werden mir also erlauben, mich in Ihrem Hause als einen völlig Fremden zu betrachten, auf den nicht geachtet wird, und dadurch, daß ich mich ganz isoliere, der Verlegenheit zu entgehen, jemand anders von meinem Befinden abhängen zu lassen. Die Ordnung, die jedem andern Menschen wohl macht, ist mein gefährlichster Feind, denn ich darf nur in einer bestimmten Zeit etwas Bestimmtes vornehmen müssen, so bin ich sicher, daß es mir nicht möglich sein wird. — — —
Entschuldigen Sie diese Präliminarien, die ich notwendigerweise vorhergehen lassen mußte, um meine Existenz bei Ihnen auch nur möglich zu machen. Ich bitte bloß um die leidige Freiheit, bei Ihnen krank sein zu dürfen."

Wie reich der Gewinn gewesen ist, der beiden Männern aus diesem vierzehntägigen Zusammensein erwuchs, zeigen uns die Worte Schillers nach seiner Heimkehr: „Mit meinem Sinn bin ich noch immer in Weimar. Es wird mir Zeit kosten, alle die Ideen zu entwirren, die Sie in mir aufgeregt haben; aber keine einzige soll, hoffe ich, verloren sein," und Goethes Antwort: „Wir wissen nun, mein Wertester, aus unserer vierzehntägigen Konferenz, daß wir in Principien einig sind und die Kreise unseres Empfindens, Denkens und Wirkens teils übereinstimmen, teils sich berühren; daraus wird sich für beide gar mancherlei Gutes ergeben."

Es entwickelte sich bei beiden Dichtern ein immer lebhafter werdendes Bedürfnis nach Gedankenaustausch, was uns die starken Bände ihres Briefwechsels anschaulich zeigen. Die gewöhnlichen Posttage genügten ihnen bald nicht mehr zur Befriedigung dieses Bedürfnisses, und darum wurden die zwischen Jena und Weimar hin und zurück wandernden Botenfrauen mit in Anspruch genommen. So lagen denn die kostbaren Briefe in einem Korbe zwischen verschiedenen Markt- und Küchenprodukten, von den Trägerinnen vielleicht für weniger kostbar gehalten als diese.

— Zwölftes Kapitel —

Die Freunde und Angehörigen Schillers äußerten ihre Freude über den Herzensbund der beiden Großen. „Daß Du und Goethe Euch miteinander genähert habt, macht mir wahre Freude," schrieb Körner. Lottchen äußerte gegen eine Freundin: „Es ist erstaunend, welchen Einfluß Goethes Nähe auf Schillers Gemüt hat und wie belebend für ihn die häufige Kommunikation seiner Ideen mit Goethe ist. Mir selbst ist Goethe auch sehr lieb, aber er wird mir noch lieber um Schillers willen." Karoline schreibt in Schillers Lebensgeschichte: „Aus dem vertrauten, freundschaftlichen Verkehr solcher Geister mußten die edelsten Früchte hervorkeimen. Keine Nation, keine Periode der Litteratur bietet uns einen so schönen, aus echter, reiner Begeisterung für Wahrheit und Schönheit entsprungenen Verein, ein so inniges, neidloses Zusammenstreben nach dem höchsten Ziele dar. — — — — Goethes freundlichem und liebenswürdigem Einfluß auf Schillers Lebensweise verdankten wir es auch, daß dieser wieder mehr Vertrauen zu seiner Gesundheit gewann und sich regelmäßiger dem Schlafe und der gewöhnlichen Ordnung des Tages überließ."

Vergegenwärtigen wir uns nunmehr einige der erwähnten edelsten Früchte, die dem Dioskurenbunde entkeimten.

Schon in seiner schwäbischen Heimat hatte Schiller den Plan zur Herausgabe einer litterarischen Monatsschrift gefaßt. Sie erschien in den Jahren 1793 bis 97 unter dem Titel „Die Horen." Auch Goethe versprach, sich mit Beiträgen aus seiner Feder an diesem Unternehmen zu beteiligen; wir erwähnen unter ihnen besonders seine herrlichen „Römischen Elegien." Die Hauptarbeit mußte freilich der Herausgeber selbst liefern; viele Mitarbeiter erwiesen sich als saumselig, und wir müssen es sehr beklagen, daß der kranke Dichter, unter Daransetzung aller Kräfte, die Bogen mit eigenen Geisteserzeugnissen zu füllen genötigt war. Außer zahlreichen Gedichten und geschichtlichen Aufsätzen veröffentlichte Schiller in den „Horen" die bereits erwähnten „Briefe über die ästhetische Erziehung des Menschen."

Mit Staunen und Bewunderung muß es uns erfüllen, wenn wir hören, daß Schiller trotz solcher Riesenarbeit im folgenden Jahre noch ein zweites periodisches Litteraturwerk, den „Musenalmanach," ins Leben rief, der von

1796 bis 1800, also in fünf Jahrgängen, erschien. Von besonderem Interesse ist der „Musenalmanach" für das Jahr 1797. In diesem veröffentlichten die beiden Dichterfürsten eine große Anzahl Epigramme: „Xenien," d. h. Gastgeschenke. Dieselben sollten zunächst zur Abwehr der den „Horen" widerfahrenen Angriffe dienen, doch erweiterte sich diese Absicht zu der Idee eines allgemeinen Strafgerichts über alles Schlechte, Unreife und Gemeine in der damaligen Litteratur. Die Idee ging von Goethe aus, der seinem Freunde als Probe ein Dutzend Epigramme mit dem Bemerken übersandte, „man könnte sich mit einem Hundert solcher Xenien sowohl dem Publiko als seinen Kollegen auf's angenehmste empfehlen." Mit lebhafter Freude ging Schiller auf diese Anregung ein. Die Arbeit war eine in so hohem Grade gemeinsame, daß, wie Goethe später gegen seinen Vertrauten Eckermann äußerte, bei einzelnen Gedanken garnicht die Frage sein konnte, ob sie dem Einen oder dem Andern gehörten. „Wir haben viele Distichen gemeinschaftlich gemacht, oft hatte ich den Gedanken und Schiller machte die Verse; oft war das Umgekehrte der Fall, und oft machte Schiller den einen Vers und ich den andern." Die Wirkung war eine in unserer Litteratur fast beispiellose. Wenige Tage nach dem Erscheinen des Musenalmanachs schrieb Goethe an Schiller: „Unsere mordbrennerischen Füchse haben schon angefangen, ihre Wirkung zu thun. Des Verwunderns und Ratens ist kein Ende." Es entstand ein gewaltiger Lärm, ein Zetergeschrei der von den scharfen Spruchpfeilen getroffenen Dichter und Dichterlinge. Diese suchten sich zu rächen, nicht selten in grober und ungezogener Weise. Es kamen „Gegengeschenke an die Sudelköche zu Jena und Weimar, von einigen dankbaren Gästen," „Dornenstücke nebst einem Memento mori für die Verfasser der Xenien," ja sogar eine „Ochsiade, oder freundschaftliche Unterhaltungen der Herren Schiller und Goethe" u. s. w. Trotzalledem aber haben die Xenien die Wirkung eines prächtigen, die Luft von allerlei schädlichen Dünsten reinigenden Gewitters ausgeübt; deshalb gebührt ihnen ein bleibender Platz in der Geschichte unserer Litteratur.

Freilich hatten unsere Dichterfürsten sich durch die rücksichtslose Anwendung solcher scharfen Waffen viele Feinde gemacht; sie waren jetzt auf sich selbst und wenige Gleichgesinnte angewiesen. Sie empfanden darum beide das Bedürfnis, den Beweis zu liefern, daß ihre Dichtergröße sie zu solchem Vorgehen berechtige. „Nach dem tollen Wagestück mit den Xenien," schrieb Goethe, „müssen wir uns bloß großer und würdiger Kunstwerke befleißigen, und unsere proteische Natur, zur Beschämung aller Gegner, in die Gestalten des Edlen und Guten um= wandeln." Das war unserm Schiller aus der Seele gesprochen! Die beiden großen Freunde schlossen ihre Hände fester zusammen, um mit= einander „die Höhe" zu gewinnen, und wir wissen, daß dieses hehre Bestreben kein vergeb= liches gewesen ist.

Dreizehntes Kapitel.

Auf der Höhe.

> In edler, stolzer Männlichkeit,
> Mit aufgeschloss'nem Sinn, mit Geistesfülle,
> Voll milden Ernst's, in thatenreicher Stille —
> Der reifste Sohn der Zeit!

Bevor wir das sieghafte Weiterschreiten Schillers auf seiner ferneren, der Vollendung zustrebenden Bahn ins Auge fassen, wollen wir einen Blick in seine stille Häuslichkeit und sein Familienleben werfen. Da wechselten Freud und Leid, wie überall im Leben. — Im ganzen schenkte Lottchen ihm vier lieblich erblühende Kinder: zwei Söhne und zwei Töchter. Sie waren seines Herzens Freude und seiner Augen Trost; selten wohl hat es einen liebevolleren Vater gegeben, als er war.

In große Betrübnis versetzte ihn im Jahre 1796 eine zweimalige Trauerkunde aus der Heimat. Auf der Solitude war der Tod eingekehrt: im Frühjahr starb seine geliebte jüngste Schwester Nannette, im Herbst sein treuer biederer Vater. Wie groß der Schmerz des Bruders und Sohnes, wie innig seine Teilnahme war, zeigen uns seine Briefe in diesen trüben Tagen.

— Dreizehntes Kapitel —

Als Nannette, ein schönes, talentvolles Mädchen, gestorben war, schrieb der Dichter seiner Schwester Christophine: „Es gereicht mir zum großen Trost in diesen traurigen Umständen, Dich, liebe Schwester, den Unsrigen zur Stütze dort zu wissen, und ich hoffe in kurzer Zeit von Dir zu hören, daß das Schlimmste überstanden ist. Der letzte Brief meiner lieben, guten Mutter hat mich herzlich betrübt. Ach, wie viel hat die gute Mutter nicht ausgestanden, und mit welcher Geduld und Stärke hat sie es ertragen! Wie rührte mich's, daß sie ihr Herz mir öffnete, und wie wehe that mir's, sie nicht unmittelbar trösten und beruhigen zu können! Wärst Du nicht hingereist, ich hätte nicht hier bleiben können. Die Lage der lieben Unsrigen war doch erschrecklich — so allein, ohne den Beistand liebender Freunde, und bei zwei Kindern, die in der Ferne von ihnen leben, verlassen! Ich darf nicht daran denken. Was hat unsere gute Mutter nicht an unseren Großeltern gethan, und wie sehr hat sie ein Gleiches von uns verdient! Du wirst sie trösten, liebe Schwester, und mich wirst Du herzlich bereit finden, zu allem, wozu du mich auffordern wirst. Unterlasse ja nicht, mir so fleißig als möglich Nachricht zu geben, wie es um alle steht und denke auch nicht sobald darauf, sie zu verlassen. Reinwald wollen wir schon beruhigen."

Seinem letztgenannten Schwager Reinwald, Christophinens Gatten, meldete Schiller im Herbst den Tod des Vaters in folgenden Zeilen: „Du erhältst hier Nachricht, lieber Bruder, von der Auflösung des guten Vaters, die, so sehr sie auch erwartet, ja gewünscht werden mußte, uns alle aufs tiefste betrübt. Der Beschluß eines so langen und dabei so thätigen Lebens ist selbst bei den Gleichgültigen und Fremden ein rührender Gegenstand: wie muß er es denjenigen sein, die er so nahe angeht; ich muß mich des Nachdenkens über diesen schmerzlichen Verlust mit Gewalt entschlagen, weil ich die lieben Unsrigen aufzurichten habe. Es ist ein großer Trost für Deine Frau, daß sie ihre kindliche Pflicht noch bis an das Sterbelager des guten Vaters hat erstrecken und erfüllen können. Nie würde sie sich darüber getröstet haben, wenn er wenige Tage nach ihrer Abreise gestorben wäre."

Die Sorge für die liebe, schwergeprüfte Mutter lag unserm Freunde besonders am Herzen. Nachdem er ihr seine Vorschläge über ihren künftigen Aufenthalt und ihre Einrichtung gemacht hatte, schrieb er: „Alles, was Sie zu einem gemächlichen Leben brauchen, muß Ihnen werden, beste Mutter, und es ist nun hinfort meine Sache, daß keine Sorge Sie mehr drückt. Nach so viel schweren Leiden muß der Abend Ihres Lebens heiter und doch ruhig sein, und ich hoffe, Sie sollen im Schoße Ihrer Kinder und Enkel noch manchen frohen Tag genießen."

Das sind Worte, in welchen wir den vollen, unverfälschten Herzschlag eines Mannes vernehmen, der nicht nur als Künstler, sondern auch als wahrer Mensch „auf der Höhe" stand.

Der Wunsch nach einem eigenen Heim veranlaßte den Dichter, 1797 in Jena ein kleines Haus mit Garten käuflich zu erwerben. Am 2. Mai schrieb er an Goethe: „Ich begrüße Sie aus meinem Garten, in den ich heute eingezogen bin. Eine schöne Landschaft umgiebt mich, die Sonne geht freundlich unter, und die Nachtigallen schlagen. Alles um mich herum erheitert mich, und mein erster Abend auf dem eigenen Grund und Boden ist von der fröhlichsten Vorbedeutung." Diese fröhliche Vorbedeutung hat sich nicht als trügerisch erwiesen, denn hier hat Schiller seine herrlichen

Balladen, seinen Wallenstein und sein unvergleichliches „Lied von der Glocke" geschaffen. Wer die geweihte Stätte heute betritt, wird in einer seitwärts gelegenen Laube einen verwitterten Steintisch gewahr, an dem der Dichter manche Stunde gesessen — oft in vertrautem Gespräch mit Freunden, wenn in lauen Sommernächten der „stille Gefährte der Nacht" vom Himmel blickte und in den Schluchten des leise murmelnden Lautrabaches die Nachtigallen schlugen.

Das Jahr 1797 verzeichnet die Litteraturgeschichte bekanntlich als das „Balladenjahr," in welchem die Dioskuren in der Dichtung unvergänglicher Balladen und Romanzen miteinander wetteiferten. So z. B. schrieb Schiller in Juni „den Taucher," Goethe „Der Gott und die Bajadere," wobei letzterer scherzend äußerte: „Es ist nicht übel, da ich mein Paar in das Feuer und aus dem Feuer bringe, daß Ihr Held sich das entgegengesetzte Element aussucht." In rascher Folge dichtete Schiller ferner: „Der Ring des Polykrates," „Die Kraniche des Ibikus," „Der Gang nach dem Eisenhammer," „Ritter Toggenburg," „Der Kampf mit dem Drachen," „Die Bürgschaft," welche sämtlich in dem Musenalmanach des Jahres 1798 erschienen.

Diese Balladen stellen in ihrer Art das Größte dar, was unsere Litteratur aufzuweisen hat, und wir wissen nicht, was wir mehr bewundern sollen: die tiefen, ewig gültigen Ideen oder die meisterhafte poetische Form, mit der die hohen Gedanken sich zur schönsten Harmonie vermählen.

Aber Unvergleichlicheres noch brachte der Musenalmanach für das Jahr 1800: der Deutschen Stolz und Lieblingsgedicht — „Das Lied von der Glocke."

Das erste leise Glockengeläute zog bereits im Jahre 1788 durch das Gemüt des Dichters. Oft ging er damals, wie seine Schwägerin erzählt, nach einer Glockengießerei vor Rudolstadt spazieren, um sich über den Vorgang des Glockengusses zu unterrichten. Doch erst nach mehr als zehn Jahren klang das vollendete Glockenlied hinaus ins Weite. — Wie eine Predigt klopft es an unser Herz, indem es uns an die Wandelbarkeit des Irdischen gemahnt und doch auf das Bleibende im Wechsel, auf den Urgrund alles Seienden tröstend hinweist. „Wie hat der Dichter in diesem sonnenhellen Liede die Arbeit des Gewerbes, wie die Liebe, wie die Familie mit ihrer Freude und Trauer verklärt; wie die Ehre und das Bewußtsein des bürgerlichen Berufes erhoben! Wie ist es unvergeßlich schön und rührend, die Freuden und Schmerzen, die das Leben dem Einzelnen bringt, durch den Mund der Glocke zu einer Angelegenheit der ganzen Gemeinde gemacht zu sehen!" Der Dichter hat das große Gemälde des menschlichen Daseins in seinen mannigfachsten Beziehungen an die einzelnen Stadien des Gusses wie an die Klänge der Glocke selbst zu knüpfen verstanden, und so steigen in dem Gedichte die Betrachtungen mit den Meistersprüchen von Stufe zu Stufe empor. „Mit der Taufe des neugeborenen Kindes beginnend," führt ein hervorragender Ästhetiker aus, „schreitet es weiter zum Heranwachsen der Geschlechter und zu der ersten Liebe Glück und Bangigkeit; von da zur ruhigen Befriedigung der Ehe und dem Wetteifer rastlos schaffender Thätigkeit des Mannes und unermüdlich erhaltender und mehrender Thätigkeit der Hausfrau; von da zu erschreckendem Wechsel durch Feuerswut und zum Verlust von Hab und Gut, und dann zu schwererm, zum schwersten Verluste, zum Tode der teuren Gattin, der treuen Mutter. In dem sich darauf erweiternden, von der Familie auf die Gesellschaft und den Staat sich ausdehnenden Strome schildert es erst das Glück des Friedens und der gesetzlichen Ordnung für die Gesamtheit und die Regsamkeit aller fleißigen Hände in Stadt und Land, dann die Zerstörung aller sittlichen Bande durch die Schrecken der Revolution, und endigt endlich mit den segnenden Worten der Glockentaufe: „Konkordia soll ihr Name sein. Friede sei ihr erst Geläute!"

Wie tief dieses Gedicht in das Leben unsers Volkes hineingedrungen ist, in die Schulen und in die Werkstatt, in die Dachstube und in den Salon, weiß jeder Deutsche. In glänzendster Weise bewies die Schillerfeier im Jahre 1859, wie lieb und wert das Glockenlied dem deutschen Herzen geworden ist. In der alten und in der neuen Welt, wo überall eine Schillerfeier stattfand, wurde es in die Programme des festlichen Tages aufgenommen. Es gilt von dieser Dichtung, was ihr Schöpfer von der Glocke selbst sagt:

> Hoch über'm niedern Erdenleben
> Soll sie im blauen Himmelszelt,
> Die Nachbarin des Donners, schweben,
> Und grenzen an die Sternenwelt,
> Soll eine Stimme sein von oben,
> Wie der Gestirne helle Schar,
> Die ihren Schöpfer wandelnd loben
> Und führen das bekränzte Jahr.

— Auf der Höhe —

Und nun wollen wir uns den Dramatiker Friedrich Schiller „auf der Höhe" ansehen!

Nach zehnjähriger Unterbrechung kehrte er zurück zu den Brettern, welche die Welt bedeuten. Wallenstein, auf den seine Geschichte des dreißigjährigen Kriegs ihn hinwies, wurde von ihm zum Helden eines umfassenden Trauerspiels ausersehen. So entstand unter siebenjährigem Ringen ein Werk, von dem Goethe urteilt, es sei so groß, daß neben ihm nichts Größeres bestehe. Anfang 1797, als ihm das Weiterarbeiten durch Krankheit gar zu sehr erschwert ward, schrieb er an Körner: „Wie will ich dem Himmel danken, wenn dieser Wallenstein aus meiner Hand und von meinem Schreibtisch verschwunden ist! Es ist ein Meer auszutrinken, und ich sehe manchmal das Ende nicht." Gegen Ende desselben Jahres beklagt er sich bei Goethe, „daß ihm der Wallenstein fast zu arg anschwelle," worauf dieser ihm den Rat giebt, „aus dem Stück einen Cyklus von Stücken zu machen." Wir wissen, daß der Dichter darauf eingegangen ist, indem er die bekannte Trilogie — Wallensteins Lager — die Piccolomini — Wallensteins Tod — herstellte. Am 18. Oktober 1798 ging der erste

Teil unter dem Titel „Die Wallensteiner" zum ersten Mal über die Bühne. Das Publikum ergötzte sich an den bunten Bildern des Lagerlebens und war auf die Fortsetzung gespannt. Diese kam einige Monate später, am 18. Januar 1797. Goethe äußerte vor der Aufführung der Piccolomini: „So ist denn der große Tag angebrochen, auf dessen Abend ich neugierig und verlangend genug gewesen bin." Die Aufführung rief den lebhaftesten Beifall hervor. Einige Wochen zuvor wurden die Piccolomini schon in Berlin gegeben, wo Iffland als Theaterdirektor wirkte. Schiller mußte drei Abschreiber anstellen, um Jfflands Drängen zu befriedigen. Am 24. Dezember schrieb er an Goethe: „So ist schwerlich ein heiliger Abend auf dreißig Meilen in der Runde verbracht worden, so gehetzt nämlich und so qualvoll über der Angst, nicht fertig zu werden." Mit dem neuen Jahre begann die Arbeit an dem dritten Teil. Im April reiste der Dichter nach Weimar, um das Einstudieren der Rollen zu überwachen. Die Vorstellung brachte eine großartige Wirkung hervor. In den nächsten Tagen wurde fast über nichts anderes gesprochen. Noch erfolgreicher war die Aufführung von „Wallensteins

Tod" in Berlin. Auch der buchhändlerische Erfolg war über Erwarten glänzend. Die erste Auflage — 3500 Exemplare — war in drei Monaten vergriffen. — Im Juli wurde der Dichter nach einer Wallensteinvorstellung dem preußischen Königspaare bei einem Besuch in Weimar vorgestellt und darauf von der Herzogin Luise durch ein silbernes Kaffeegeschirr belohnt, das sie ihm auf den Schreibtisch stellen ließ. „Und so," schrieb er seinem Körner, „haben sich die Musen diesmal gut aufgeführt. Die Poeten sollten immer nur durch Geschenke belohnt, nicht besoldet werden."

„Wallenstein" ist das erste große Drama, das einen gewaltigen und umfassenden Stoff aus der deutschen Geschichte behandelt; es ist bis zur Stunde das größte in seiner Art geblieben. „Als ein Denkmal," sagt Tieck, „ist dieses tiefsinnige, reiche Werk für alle Zeiten hingestellt, auf welches Deutschland stolz sein darf, und ein Nationalgefühl, einheimische Gesinnung und großer Sinn strahlt uns aus diesem reinen Spiegel entgegen, um zu wissen, was wir sind und vermögen."

Richten wir jetzt unsere Aufmerksamkeit eine Weile auf die häuslichen Verhältnisse des

Dichters. Im Herbst 1799 schenkte Lotte ihm ein Töchterchen, bei dem Goethe Patenstelle vertrat. Doch mit der Freude wandelte der Schmerz in der lieben Familie: Lotte wurde krank, so krank, daß fast alle Hoffnung schwand. Bald lag sie ohne Besinnung im schlimmsten Nervenfieber. Die Sorge um die teure Kranke erschöpfte die eigenen Kräfte des Gatten in hohem Grade. Nur ihn und die Mutter wollte die furchtbar Leidende um sich sehen; ihre Phantasien zerrissen beiden das Herz. Schiller wachte vier qualvolle Nächte an ihrem Bette. Die Erschöpfung zwang ihn endlich, nachdem der Arzt Lotte außer Gefahr erklärte, auf einige Tage in Weimar Erholung zu suchen. Goethe bewies ihm die innigste Teilnahme.

Nach Lottchens Genesung siedelte die Familie gegen Weihnachten 1799 für immer nach Weimar über. „Ich habe Geschäfte dort, und der Herzog will mich dort haben," schrieb Schiller der Mutter, „er hat mir deshalb auf eine sehr schmeichelhafte Weise meine Besoldung verdoppelt, so daß ich jetzt 400 Thaler von ihm habe, jährlichen Gehalt. Es ist freilich noch ein kleiner Teil dessen, was die Familie jährlich braucht, indessen ist es doch eine große Erleichterung, und das Übrige kann ich durch meinen Fleiß, der mir wohl bezahlt wird, recht gut verdienen."

Schiller wäre nicht Schiller gewesen, wenn es ihm je in den Sinn gekommen wäre, auf den erworbenen Lorbeeren auszuruhen. Dasselbe Jahr, das ihm so herben Kummer brachte, ist das Geburtsjahr seiner großen Tragödie „Maria Stuart," die am 14. Juni 1800 zum ersten Male in Weimar aufgeführt wurde. Schon sehr früh — bereits in Bauerbach — hatte Schiller sich mit diesem Stoffe beschäftigt; wir aber freuen uns, daß er erst jetzt, nachdem er in hartem Ringen den höchsten künstlerischen Standpunkt erreicht hatte, zur Ausführung schritt. Mit berechtigter Freiheit entkleidet er die Ereignisse und Gestalten aller undramatischen Zufälligkeiten; besonders gewinnt er unsere Teilnahme für seine Heldin, die unglückliche Königin Maria, dadurch, daß er ihre Schuld als eine verjährte von der Handlung selbst ausschließt und sie als eine Leidende, als ein Opfer der Rachsucht und des Neides, hinstellt. Unverkennbar ist auch in diesem Stück die geradezu wunderbare Fähigkeit des Dichters, ihm persönlich fremde und fernliegende Verhältnisse zu veranschaulichen; es sei nur daran erinnert, in welchem bestrickenden sinnlichen Zauber die katholische Kirche mit ihrem Kultus in der Schilderung Mortimers erscheint. — Daß der freie Gedanke des Protestantismus durch die Kraft der Königin Elisabeth über den Jesuitismus den Sieg davon trägt, ist eine hohe, mit dem erschütternden Ende der Heldin gewissermaßen versöhnende Idee.

Bald nach Vollendung dieses Dramas finden wir unsern Dichter an einem neuen großen Gegenstande arbeitend, und nach weniger denn Jahresfrist stand da in herrlicher Schöne: „Die Jungfrau von Orleans." Ja, wie kaum ein Zweiter hat Friedrich Schiller der Mahnung nachgelebt:

So lang es Tag ist, wirke der Mann —
Es kommt die Nacht, da niemand wirken kann!

Wir besitzen ein rührendes Zeugnis, das uns erkennen läßt, wie sehr er sich zu dem dieser Tragödie zu Grunde liegenden Stoffe hingezogen fühlte; es ist sein Ausspruch:

Dich schuf das Herz, Du wirst unsterblich leben!

„Das Mädchen von Orleans ist der Stoff, den ich bearbeite," schrieb er an Körner, „der Plan ist bald fertig, und ich hoffe binnen vierzehn Tagen an die Arbeit gehen zu können. Poetisch ist der Stoff in vorzüglichem Grade, so nämlich, wie ich ihn mir ausgedacht habe, und in hohem Grade rührend. Mir ist aber angst vor der Ausführung, eben weil ich sehr viel darauf halte und in Furcht bin, meine eigene Idee nicht erreichen zu können." Um ungestört seiner Schöpfung zu leben, flüchtete er sich zuletzt nach Jena. Anfang des Jahres 1800 meldet er dem Freunde: „Ich habe das alte Jahrhundert thätig beschlossen, und meine neue Tragödie, ob es gleich etwas langsam damit geht, gewinnt eine neue Gestalt. Schon der Stoff erhält mich warm; ich bin mit meinem ganzen Herzen dabei." Am 20. April schickte Goethe ihm das fertige Manuskript mit den Worten zurück: „Es ist so brav, gut und schön, daß ich ihm nichts zu vergleichen weiß."

Schiller hat sein Drama „eine romantische Tragödie" genannt. Dennoch unterscheidet es sich von den Erzeugnissen der sogenannten romantischen Schule höchst vorteilhaft. Seine Gestalten sind lebendige Persönlichkeiten, keine wesenlosen Schemen, wie die Romantiker solche meistens darstellten. Nicht das abgestorbene Mittelalter mit seinen überwundenen Verhältnissen, sondern

ewig gültige, lebenskräftige Ideen sind Träger
der herrlichen Dichtung; sie hat ihre Wurzel im
lautersten, deutschen Gemütsleben. Wir sollten
z. B. nie vergessen, daß der deutsche Dichter
den Dunois sprechen läßt:

„Nichtswürdig ist die Nation, die nicht
Ihr alles freudig setzt an ihre Ehre!"

Romantisch freilich ist in der Dichtung das
Eingreifen überirdischer Gewalten, wie der
wunderthätigen Mutter Gottes und des schwarzen
Ritters; romantischer Duft strömt auch aus den
wechselnden Versformen und Rhythmen, sowie
aus der reichlich verwendeten Musik. Will man
aber das Ganze als ein Erzeugnis der Romantik
betrachten, so kann man es doch nur als eine
ihrer allerschönsten, nie welkenden Wunderblumen
ansehen. Viele Gelehrte haben wohl manches
an dieser Schöpfung zu tadeln gewußt, „aber
das Volk in seines Herzens dunklem Drange
verstand seinen Dichter besser, und überwältigt
von dem unaufhaltsamen Zuge der Handlung,
von der Glut der religiösen Begeisterung für
das Vaterland, von der wunderbaren und doch
wohlvorbereiteten Katastrophe, von dem gewaltigen Kampfe himmlischer und höllischer Mächte,
von dem Glanz der Sprache, der, nur noch

gehoben durch die finsteren Schatten des Bösen, siegend über die Dichtung ausgegossen ist, daß die Gestalten der Handelnden, ohne doch an Sicherheit und Schärfe der Umrisse irgend etwas einzubüßen, wie von einem Meere des Lichtes umflossen erscheinen, — das Volk verstand seinen Dichter und nahm das Stück mit der Begeisterung auf, mit der es gedichtet war."

Die erste Aufführung in Leipzig, bei welcher Schiller zugegen war, gestaltete sich für ihn zu einem Triumph, wie er es selbst sicher nicht erwartet hatte. Einige Wochen zuvor war er mit seiner Familie bei Körner in Dresden angelangt; letzterer freute sich über die heitere Stimmung und die geistige Kraftfülle des großen Freundes. Mit sichtlicher Wehmut nahm Schiller Abschied; es mag ihm geahnt haben, daß er seinen Körner nicht wiedersehen würde. — Am 18. September war er in Leipzig, wo die „Jungfrau" gegeben wurde. „Als der Vorhang nach dem ersten Aufzuge fiel, erscholl aus dem gedrängt vollen Hause der allgemeine Ruf: Es lebe Friedrich Schiller! Trompeten schmetterten mit rauschendem Tusch darein. Am Ende der Vorstellung stürzte und drängte alles eiligst aus dem Hause, den geliebten Sänger in der

Nähe zu sehen. Als die hohe, leidberührte Gestalt erschien, trat die Menge ehrfurchtsvoll auseinander, rasch entblößten sich alle Häupter, eine tiefe Stille umfing den Dichter, als er durch die lange Reihe schritt. Alle Herzen, alle Augen strebten ihm zu, die Väter, die Mütter hoben ihre Kinder empor und flüsterten: Der ist es! Das ist er!"

Da der Dichter sich nicht sogleich für eine neue Arbeit entscheiden konnte, brachte das folgende Jahr — 1802 — kein Original-Drama, sondern nur eine — freilich sehr selbständige Bearbeitung von Gozzis „Turandot." Die in diese Dichtung hineingewobenen Rätsel sind ganz und gar Schillers Erzeugnisse.

Außer mancherlei häuslichem Leid mag noch eine besondere Angelegenheit ihn mehr als sonst in seinem dichterischen Schaffen gestört haben, nämlich der Ankauf eines Hauses. Ein eigenes, nicht gemietetes Heim zu besitzen, war unserm Freund ein Herzensbedürfnis. Am 29. April hielt er seinen Einzug in das neue, an der Esplanade belegene Häuschen. Es ist jetzt das Ziel unzähliger Schillerverehrer, die nach Weimar kommen. Man hat pietätvoll Sorge getragen, daß des Dichters Arbeitszimmer genau

so erhalten blieb, wie es bei seinen Lebzeiten
war. Wie einfach ist dieses Gemach! Da
steht noch der bescheidene Schreibtisch, in dessen
Schubladen der Dichter Äpfel aufzubewahren
liebte. Gegenüber war vor dem Fenster ein
Vorhang von rotem Seidenstoff angebracht,
weil der rötliche Schimmer auf die Stimmung
des Bewohners wohlthuend wirkte.

Leider erfuhr die Freude über den Erwerb
des neuen Besitztums eine tief einschneidende
Trübung durch den Tod der geliebten Mutter.
Wie schmerzlich traf es den großen Sohn ins
Herz, als er hörte, daß dieser gerade an dem
Tage seines Einzuges erfolgt war!

In ihrem letzten Briefe schrieb die Verklärte noch: „Deine so große Liebe und Sorgfalt
für mich wird Gott mit tausendfachem Segen
belohnen. Ach, so giebt es keinen Sohn in der
Welt mehr!" Kurz vor ihrem Hinscheiden hatte
sie sich das Medaillonbild ihres Fritz geben
lassen und es thränenden Auges ans Herz gedrückt. — Aus dem an seine Schwester Christophine gerichteten Trauerbriefe Schillers teilen
wir folgende Zeilen mit: „O liebe Schwester,
so sind uns beide liebende Eltern entschlafen,
und dieses älteste Band, das uns ans Leben

fesselte, ist zerrissen! Es macht mich sehr traurig, und ich fühle mich in der That verödet, ob ich gleich mich von geliebten und liebenden Wesen umgeben sehe, und Euch, Ihr guten Schwestern, noch habe, zu denen ich in Kummer und Freude fliehen kann. O, laß uns, da wir drei nun allein noch von dem väterlichen Hause übrig sind, desto näher an einander schließen! Vergiß nie, daß du einen liebenden Bruder hast; ich erinnere mich lebhaft an die Tage unserer Jugend, wo wir uns noch alles waren. Das Leben hat unsere Schicksale getrennt, aber die Anhänglichkeit, das Vertrauen muß unveränderlich bleiben."

Gegen Ende des Jahres 1802 ward ein bemerkenswertes Schriftstück in das Dichterheim gebracht: ein Adelsbrief. Dieser war in Wien ausgefertigt worden, und wie die Urkunde besagte, hatte Kaiser Franz „mit wohlbedachtem Mute, gutem Rat und rechtem Wissen den Johann Christoph Friedrich Schiller sammt seinen ehelichen Leibeserben und derselben Erbeserben beiderlei Geschlechts in des heiligen römischen Reichs Adelstand gnädigst erhoben und eingesetzt."

Wie der adelige Dichter — er war es ja schon im besten Sinne lange vor der Aushändigung dieses Dokuments gewesen! — über die „Standeserhöhung" dachte, entnehmen wir einem Briefe an seinen Freund Humboldt: „Sie werden recht gelacht haben, da Sie von unserer Standeserhöhung hörten. Es war ein Einfall von unserm Herzog, und da es geschehen ist, so kann ich es um der Lolo und der Kinder willen mir auch gefallen lassen." Daß indes Lottchen sich auch in dieser Angelegenheit ihres Gatten wert zeigte, beweist ihre allerliebste briefliche Aeußerung: „Aus dem Diplom kann ein jeder sehen, daß Schiller ganz unschuldig daran ist, und dies ist es, was mich beruhigt, denn eine Ehre zu suchen, hielte ich unter Schillers Charakter."

Ein eigenartiges, schönes und bedeutendes Werk vollendete der Dichter zu Anfang des folgenden Jahres: „Die Braut von Messina." Man hat dieses Drama vielfach schlichtweg eine Schicksalstragödie genannt, doch ist die Bezeichnung keineswegs zutreffend, wenn man damit nur den Begriff der alten griechischen Tragödie verbindet. Denn „Schiller, der Dichter des freien Willens und der sittlichen Idee, er hat nicht den freien Willen und die sittliche Idee an eine heimtückisch schaltende und waltende dämonische Schicksalsmacht verraten, er hat nur die menschlichen Triebe und Handlungen in ein grauenhaftes nächtliches Dunkel eingehüllt, um desto erschütternder durch diese Finsternisse den flammenden, den zerschmetternden Blitzstrahl der sittlichen Idee des gerechten Gerichtes hindurchschlagen zu lassen." Schon die berühmten Schlußverse des Dramas:

„Das Leben ist der Güter höchstes nicht,
Der Uebel größtes aber ist die Schuld,"

belehren uns so deutlich wie möglich, daß in ihm nicht die einfache Schicksalsidee, der Fluch des Verbrechens längst vergangener Geschlechter herrscht. Es ist vielmehr die Verkettung dieses Fluches mit den Leidenschaften und selbständigen Handlungen Lebender, welche die dramatisch allein berechtigte Schuld erzeugt, deren Sühne in ergreifender Weise zur Darstellung gebracht wird.

Körner schrieb dem Freunde über dieses Werk: „Dein neues Stück hat einen hohen Rang unter Deinen Produkten. Mir ist kein modernes Werk bekannt, worin man den Geist der Antike in solchem Grade fände. Der Stoff geht ganz unter in der Hoheit und Pracht der poetischen Form. Rechne übrigens hier nicht auf den Beifall der jetzt lebenden Menge, aber auf dauernden Ruhm bei echten Kunstfreunden der kommenden Geschlechter."

Dennoch hatte unser Dichter sich bei der ersten Aufführung seiner „Braut von Messina" nicht über Mangel an Beifall zu beklagen. Am 19. März 1803 fand dieselbe in Weimar statt, und über den Erfolg berichtete Schiller seinem Körner: „Der Eindruck war bedeutend und ungewöhnlich stark. Auch imponierte es dem jüngeren Teile des Publikums so sehr, daß man mir nach dem Stücke ein Vivat brachte, welches man sich sonst hier noch niemals herausnahm. Ich kann wohl sagen, daß ich in der Vorstellung der Braut zum ersten Mal den Eindruck einer wahren Tragödie bekam. Der Chor hielt das Ganze trefflich zusammen, und ein hoher, furchtbarer Ernst waltete durch die ganze Handlung. Goethe ist es auch so ergangen; er meint, der theatralische Boden wäre durch diese Erscheinung zu etwas Höherem eingeweiht worden."

Auch in Halle, wohin Schiller im Juli einer Einladung seiner Verehrer Folge leistete, ward die große Tragödie aufgführt. Es brach während der Vorstellung ein Gewitter aus, und so ging die „Braut" unter Blitz und Donner über die Bühne. Als der Dichter sich nach der Aufführung in das von ihm bewohnte stille Gartenzimmer zurückgezogen hatte, brachte ihm

die begeisterte akademische Jugend einen Fackel=
zug. Mit dieser Nachtfeier noch nicht zufrieden,
bereiteten die Herren Studenten am andern
Morgen seinem süßen Schlummer durch ein
vielstimmig gesungenes Ständchen ein jähes
Ende. Alles zu seiner Ehre!

Noch ein Zeugnis über „Die Braut von
Messina" wollen wir nicht unerwähnt lassen,
nämlich dasjenige Jfflands über den Erfolg der
ersten Vorstellung dieser Tragödie in Berlin. Es
lautet: „Gegenfüßler? Etliche. Totalaffekt? Der
höchste, tiefste, ehrwürdigste. Die Chöre wurden
meisterhaft gesprochen und senkten sich wie ein
Wetter über das Land. Gott segne und erhalte
Sie und Ihre ewig blühende Jugendfülle!"

So innig und herzlich dieser Wunsch gewiß
empfunden ward und so viele Tausende ihn
auch hegen mochten, nur kurze Zeit noch war
dem Dichter zugemessen, hienieden zu weilen,
doch bis ans Ende seiner irdischen Tage blieb
er „auf der Höhe" und:

> Wer den Besten seiner Zeit genug gethan,
> Der hat gelebt für alle Zeiten.

Vierzehntes Kapitel.
Vollendet und verklärt.

> Zum Höchsten hat er sich emporgeschwungen,
> Mit allem, was wir schätzen, engverwandt.
> So feiert ihn, denn was dem Mann das Leben
> Nur halb erteilt, soll ganz die Nachwelt geben!

Gleichwie die untergehende Sonne noch einmal ihre goldigste Glut als letzte, schönste Gabe über das Meer ausgießt, daß es aufleuchtet wie in stillem Entzücken, so ist auch der große Dichter dahingegangen, als letztes Geschenk seinem deutschen Volke das Beste und Schönste bescherend, was der Genius ihm zu schaffen gewährte: den „Wilhelm Tell."

Die Anregung zu dieser hehren Schöpfung verdanken wir seinem großen Freunde. Schiller empfing sie, als Goethe 1797 zum dritten Male die Schweiz bereiste. Ueber seinen Anteil an dem Drama äußert dieser sich folgendermaßen: „Ich hatte mit Schiller diese Angelegenheit oft besprochen und ihn mit meiner lebhaften Schilderung jener Felswände und gedrängten Zustände oft genug unterhalten, dergestalt, daß sich bei ihm dieses Thema nach seiner Weise zurechtstellen und formen mußte. Auch er machte mich mit seinen Ansichten bekannt, und ich ent-

behrte nichts an einem Stoff, der bei mir den
Reiz der Neuheit und des unmittelbaren An=
schauens verloren hatte, und überließ ihm daher
denselben gern und förmlich, wie ich ihm schon
früher mit den Kranichen des Jbikus und
manchem andern Thema gethan hatte; da sich
denn aus jener obigen Darstellung, verglichen
mit dem Schillerschen Drama deutlich ergiebt,
daß ihm alles vollkommen angehört, und daß
er mir nichts als die Anregung und eine leben=
digere Anschauung schuldig sein mag, als ihm
die einfache Legende gewähren mochte." — Jm
Herbst 1803, nachdem er die umfassendsten
Studien über die Geschichte der Schweizer und die
Beschaffenheit ihres Landes bereits gemacht hatte,
— schrieb Schiller an Körner: „Wenn Du mir
einige gute Schriften über die Schweiz weißt,
bitte ich Dich, mir diese zu nennen. Jch bin ge=
nötigt, viel darüber zu lesen, weil das Lokale
an diesem Stoffe so viel bedeutet, und ich möchte
gern so viel möglich örtliche Motive nehmen.
Wenn mir die Götter günstig sind, das
auszuführen, was ich im Kopfe habe, so
soll es ein mächtiges Ding werden und
die Bühnen von Deutschland erschüttern."

Wir wissen, daß es ihm gelungen ist, „ein

mächtiges Ding" hervorzuzaubern, das seine erschütternde Wirkung nie versagen kann, so lange deutsche Herzen schlagen! Trotz mancher häuslicher Störungen und zahlreicher Krankheitsanfälle vollendete der Dichter mit bewundernswerter Energie seinen Schwanengesang, wie man den Tell mit Recht genannt hat, im Anfange des folgenden Jahres. Vor der Aufführung sandte er den ersten Akt an Iffland. Mit der ihm eigenen Begeisterung äußerte dieser: „Ich habe gelesen, verschlungen, meine Kniee gebogen, und mein Herz, meine Thränen, mein jagendes Blut haben Ihrem Geist, Ihrem Herzen mit Entzücken gehuldigt. O bald, bald mehr! Welch ein Werk! Welche Fülle, Kraft, Blüte und Allgewalt! Gott erhalte Sie! Amen."

Die Aufführung erzielte überall in deutschen Landen die herrlichsten Erfolge. Die erste fand am 17. März in Weimar statt; der Beifall, den der Dichter erntete, war der denkbar größte. Wie hätten auch in jener ernsten Zeit der napoleonischen Schreckensherrschaft in deutschen Herzen nicht die unsterblichen Worte wiederklingen sollen:

Ans Vaterland, ans teure, schließ dich an,
Das halte fest mit deinem ganzen Herzen!
Hier sind die starken Wurzeln deiner Kraft —

Vierzehntes Kapitel

und:

> Wir wollen sein ein einig Volk von Brüdern,
> In keiner Not uns trennen und Gefahr.

Ja, der Sänger des „Tell" war seines Volkes Prophet im wahrsten Sinne. Er hat es ihm verkündet, was er selbst nur vorahnend schauen durfte und was wenige Jahre später sich so herrlich erfüllte:

> Eine Grenze hat Tyrannenmacht.
> Wenn der Gedrückte nirgends Recht kann finden,
> Wenn unerträglich wird die Last — greift er
> Hinauf getrosten Mutes in den Himmel
> Und holt herunter seine ew'gen Rechte,
> Die droben hangen unveräußerlich
> Und unzerbrechlich wie die Sterne selbst.

In dem Geiste solchen Freiheitdranges und Rechtsgefühls hat Deutschland die Ketten der Fremdherrschaft zerbrochen, gleich jenem schlichten Volke der Berge, das dankbaren Sinnes auf den denkwürdigen Mythenstein am Vierwaldstätter See mit großen goldenen Lettern die Worte eingraben ließ:

Dem
Sänger Tells
F. Schiller
die
Urkantone.

„Mit diesem Drama hatte Schiller sein Volk gegen Napoleon gewaffnet, soweit ein Dichter es waffnen kann. Wenige Jahre nachher stand es auf, Stein entfesselte die Volkskraft und entflammte die Fürsten, und Schill und York handelten ohne Rütlibeschlüsse. Und die ewigen Rechte, die droben hangen unveräußerlich? Schon sind sie im Herzen der Völker, und schon fühlen gerechte Fürsten, daß nur in ihnen der Wall der Ordnung ruht. Und da nun die Prophezeihung Attinghausens für Deutschland erfüllt, der Rütlischwur zur Wahrheit geworden ist, wird man auch im Vaterlande Schillers Tell so in Ehren halten, wie man in der Schweiz schon lange ihn ehrt."

Hoffen wir — zumal in unserer Zeit — daß dieser zuversichtliche Glaube des wackern Emil Palleske stets zu Recht bestehen bleibe! Sollte der Deutsche jemals vergessen können, daß er ein Vaterland hat, das — ach wie oft! — mit dem Blute der Besten und Edelsten erkauft wurde? Wer von uns möchte wohl leben, um solches Vergessen erleben zu müssen! —

Auf wiederholtes Zureden seiner dortigen Verehrer entschloß sich unser Dichter gegen Mai

1804 zu einer Reise nach Berlin. Seine Frau und die beiden kleinen Söhne begleiteten ihn.

Die Tage seines Aufenthalts in der preußischen Königsstadt brachten ihm von allen Seiten Anerkennung und Huldigungen, die ihn namentlich im Theater, wo man seine Dramen aufführte, in glänzendster Weise zu teil wurden. Bei der unvergeßlichen Königin Luise hatte unser Dichter Audienz; dabei hat sein Auge auch auf einem siebenjährigen Knaben geruht, der als Kaiser Wilhelm I. Deutschlands Stolz geworden ist.

Der König wünschte Schiller in Berlin festzuhalten und ließ ihm glänzende Anerbietungen machen. So lockend diese auch waren, kam dennoch eine Vereinbarung nicht zustande, besonders wohl deshalb, weil der Dichter den edlen Fürsten Karl August nicht durch seinen Wegzug betrüben mochte. Dieser verdoppelte ihm jetzt sein Gehalt und fügte der fürstlichen That die für beide Männer ehrenvollen Worte hinzu: „Empfangen Sie, wertester Freund, meinen wärmsten Dank, ich freue mich unendlich, Sie für immer den Unserigen nennen zu können."

Nach Weimar zurückgekehrt, gab der Dichter sich aufs neue rastloser Thätigkeit hin, um die

— Vierzehntes Kapitel —

großen Entwürfe und Ideen, die seinen Riesengeist unausgesetzt beschäftigten, zur Gestaltung zu bringen. Fast unmittelbar nach der Vollendung des Tell schrieb er in sein Notizenbuch: „Mich zum Demetrius entschlossen." Es war, als ob er den Tod bereits an seine Thür pochen gehört hätte und nun noch jede Minute, die dieser ihm ließ, auskaufen mußte im Dienste des Wahren, Guten und Schönen.

Im Sommer ging Schiller mit seiner Familie auf einige Monate nach Jena. Hier zog er sich durch eine Erkältung einen schlimmen Anfall seiner Unterleibskrämpfe zu. Von dieser Zeit an bis zu seinem Tode hat er die immer mehr hervortretende Schwäche nie wieder überwunden. Während er noch in einem oberen Zimmer daniederlag, brachte ihm seine Schwägerin ein neugeborenes Töchterchen, das er mit lebhafter Freude empfing.

Es ist bereits früher des zarten Familiensinnes gedacht worden, den der große Dichter sowohl als Gatte wie als Vater stets bewies. Aus seinen letzten Lebenstagen besitzen wir ein beachtenswertes Zeugnis in dieser Richtung von dem jüngeren Voß, einem Sohne des bekannten Dichters und Homerübersetzers. Derselbe be=

kleidete an dem Weimarer Gymnasium eine Lehrerstelle und verkehrte oft in Schillers Familie bis zu dessen Tode. Voß bezeugt, daß Schiller sich in den Stunden der Erholung ganz den harmlosen Familienfreuden hingegeben habe. „Mit seinen Knaben spielte er Löwe und Hund; manchmal fand ihn ein Hausfreund, wie jener Gesandte Heinrich den Vierten, auf Händen und Füßen in dem Zimmer herumkriechend. Bei Tische saß er beständig zwischen zweien seiner Kinder; wo er konnte, liebkoste er sie und scherzte mit ihnen. Sie hatten ihn auch unbeschreiblich lieb, und während der lange Mann nichts that, die Anrückenden zu erleichtern, kletterten sie an ihm hinauf, sich einen Kuß zu erobern .... Wie konnte er seine Kinder herzen und küssen, sich mit ihnen auf der Erde wälzen! Nie vergesse ich den innigen Blick, den er manchmal auf seine jüngstgeborene Emilie warf. Es war, als könnte er sein ganzes Glück nicht ausschöpfen, mit solcher Wehmut, Freude und Innigkeit hingen seine Augen an ihr." Der berühmte Maler Schnorr von Carolsfeld erzählt: „Als ich drei Jahre vor Schillers Hinscheiden gegen Abend in Weimar angekommen war, wandelte ich nach seiner Wohnung, und da fand ich ihn,

— Vollendet und verklärt — 163

seine Tochter Karoline auf den Armen, das Köpfchen an des Vaters Gesicht gelehnt, die Aermchen um dessen Hals geschlungen, in dem dämmernden Zimmer gleichsam tanzend umherschreitend." Ein herzerquickendes Bild!

Im Herbst kehrte der Dichter mit den Seinen nach Weimar zurück. Es war ihm vergönnt, wenigstens noch eine schöne Arbeit zu vollenden. Goethe, der sich über den Zustand des kranken Freundes wohl täuschen mochte, bat ihn nämlich, zur Bewillkommnung eines vornehmen und liebenswürdigen Gastes, der jungen Großfürstin Maria Paulowna von Rußland, ein Festgedicht zu verfassen. Schiller that es und begrüßte sie am Tage ihres Einzuges mit der „Huldigung der Künste" im Theater. Wohl war es nur ein Werk des Augenblicks, auf das der Dichter selbst nur geringen Wert legte; doch wie diese liebliche Gelegenheitsdichtung bei der Aufführung die Herzen der fremden jungen Fürstin und aller Zuschauer rührte, so wird es auch ferner den Deutschen lieb und wert bleiben. — Karoline von Wolzogen erzählt, daß nach Jahren jene edle Frau, an der auch die Stürme des Lebens nicht ohne schmerzliche Spuren vorüberzogen, ihr einst sagte: sie gedenke oft der Verse

Schillers in der ihr gewidmeten „Huldigung der Künste":

> Wisset, ein erhab'ner Sinn
> Legt das Große in das Leben,
> Und er sucht es nicht darin!

Bevor wir nun unsern Blick auf den ergreifenden Moment hinrichten, da das herrliche Dichtergestirn für diese Erdenwelt erlosch, wollen wir noch einmal der trefflichen Schwägerin das Wort zu einer zusammenfassenden Charakteristik ihres großen Freundes geben. Sie schreibt: „Schiller pflog gern Umgang mit Menschen aus allen Klassen. Ein kaltes Abstoßen, ein Entfernen anderer aus seiner höhern Bildungssphäre ward nie bei ihm verspürt . . . Geist und Wohlwollen, da wo ihm nicht entschieden böser Wille entgegentrat, erfüllten, wie Licht und Wärme, seinen Kreis. Die Eigenheiten in jeder Menschennatur beobachtete er gern; alles, was seinen Charakter andeutete, zog ihn an, und mit Lust griff er Züge in der Natur auf für seine Dichtungen. Seelenlose Formen der Geselligkeit, gebundenes Weltgespräch, Pedanterie, falsche Ansprüche in jedem Sinne waren ihm unerträglich; er entfloh solcher Unterhaltung, sobald er's vermochte . . . . . . Schillers große, in

richtigem Verhältnis gebaute Gestalt, etwas von
militärischer Haltung, was ihm aus der Akademie
geblieben war, dazu die Freiheit des Geistes und
das in ihm immer lebendige Gefühl des Idealen,
das ihn über alles Kleinliche und Gemeine erhob und sich im Aeußern ausdrückte, gab seiner
Erscheinung etwas Edles, dem selbst jene
Schüchternheit wohl anstand, ja sie sogar liebens-
würdig machte. Der wohlgerundete Kopf ruhte
auf einem schlanken, etwas starken Halse, die
hohe und weite Stirn trug das Gepräge des
Genius; zwischen breiten Schultern wölbte sich
die Brust; der Leib war schmal, und Füße und
Arme standen zu dem Ganzen in gutem Verhältnis. Seine Hände waren mehr stark als
schön, und ihr Spiel mehr energisch als graziös.
Die Farbe seiner Augen war unentschieden,
zwischen blau und lichtbraun. Der Blick unter
dem hervorstehenden Stirnknochen und den blon-
den, ziemlich starken Augenbrauen warf, nur
selten und im Gespräch belebt, Lichtfunken; sonst
schien er, in ruhigem Schauen, mehr in das
eigene Innere gekehrt, als auf die äußeren
Gegenstände gerichtet; doch drang er, wenn er
auf andere fiel, tief ins Herz. Von seiner etwas
gebogenen und ziemlich großen Nase sagte er

im Scherz, er habe sie sich selbst gemacht; sie sei von Natur kurz gewesen, aber in der Akademie habe er so lange daran gezogen, bis sie eine Spitze bekommen. . . . Sein Haar war lang und fein und fiel ins Rötliche. Die Hautfarbe war weiß, das Rot der Wangen zart. Er errötete leicht. Das Kinn hatte eine angenehme Form und trat etwas hervor. Die Unterlippe, stärker als die obere, zeigte besonders das Spiel seiner momentanen Empfindung. Sein Lächeln war sehr anmutig, wenn es ganz aus der Seele kam, und in seinem lauten Lachen, das sich verbergen zu wollen schien, lag etwas rein Kindliches. . . . Schillers Stimme war nicht hell noch vollklingend, doch ergriff sie, wenn er selbst gerührt war oder überzeugen wollte. Er las seine Schauspiele und Gedichte gern selbst vor. Von eigentlicher Lesekunst besaß er wenig und legte auch keinen Wert darauf. Der Geist sollte nur zum Geiste sprechen und das Herz zum Herzen. Seine Stimme folgte nur der inneren Rührung seines Gemütes und wurde tonvoller, wie dieses sich lebendiger regte. Sein Gang hatte gewöhnlich etwas Nachlässiges, aber bei innerer Bewegung wurde der Schritt fester.

Aller Cynismus in Kleidung und Umgebung war ihm, seit er auf sich zu achten anfing, und dies geschah früh, zuwider; die Kleider einfach, aber gewählt; besonders hielt er viel auf feine Wäsche. Sein Schreibtisch mußte wohl geordnet sein. Er liebte sehr Blumen um sich; Lilien hatte er vor allem gern. —

Beim fröhlichen Mahl im Kreise vertrauter, ihn ansprechender Menschen überließ er sich gern einem heitern, aber mäßigen Genuße des Weins. Das Unmaß floh er immer, da ihm, wie er sagte, ein Glas zu viel gleich den Kopf zerstöre. Beim Schreiben trank er nie Wein, oft Kaffee, der ermunternd auf ihn wirkte. Wenn er sich einem Genuße überließ, so lag eine so unschuldige Fröhlichkeit in seiner Art zu genießen, daß man sich derselben miterfreuen mußte, wie man sich an dem Genuße eines glücklichen, heiteren Kindes ergötzt. Trat er von einer gelungenen Arbeit aufstehend, in den Kreis der Seinen, denn war er empfänglich für alles, was ihn umgab. —

Wesenloser Schein und das Zersplittern der Zeit und des Lebens in Kleinigkeiten und Eitelkeiten war ihm zuwider. . . . Sein Haß gegen Formeln, zumal wenn sie das Gefühl des Heiligen in hohle Worte binden und beschränken wollen, war kalt und streng abschneidend. War er einmal zu einer ungerechten, leidenschaftlichen Aeußerung über seine Freunde hingerissen worden, so kehrte er bald und wärmer zu ihnen zurück. Sich, wo er liebte, im vollkommenen Vertrauen zu erschließen und hinzugeben, war Bedürfnis seines Herzens. Das Leben schien ihm öde, wenn dieses ungestillt blieb."

Es ist recht zu beklagen, daß die Nachrichten über den letzten Winter, den Schiller verlebte, nur dürftige sind. Arbeit und Leiden füllten diese Zeit aus; des edlen Kranken Hinfälligkeit ward größer und größer — besonders auch infolge des öfteren Fastens, dem er sich zur Bekämpfung der furchtbaren Unterleibskrämpfe willensstark unterzog. Gegen den Jahreswechsel ward sein Zustand bedenklicher. Lange schon war Goethe durch das überirdisch verklärte Antlitz des Freundes mit banger Besorgnis erfüllt worden. Merkwürdigerweise war jenem in seinem Neujahrsbriefe an Schiller der Ausdruck: „Am letzten Neujahrstage" wider Willen der Feder entflossen; er zerriß das Blatt und nahm ein neues. Schiller, der sich am ersten Januar leidlich erholt hatte, brachte ihm seinen Gruß persönlich. Es war ein ergreifendes Wiedersehen: lange sahen sie einander sprachlos in die Augen und hielten sich fest umschlungen.

Die Schlaflosigkeit des Todkranken nahm zu. Der junge Voß wachte häufig bei ihm. Eines Nachts bat Schiller seine Frau, ihn zu verlassen; als sie zögerte, forderte er sie heftiger auf. Kaum war sie hinausgegangen, als er bewußtlos in die Arme des Freundes sank. Er hatte die Ohnmacht kommen gefühlt. Nachdem er sich erholt hatte, war seine erste Frage: „Voß, hat meine Frau auch etwas gemerkt? Habe ich auch verwirrt gesprochen?" — Fürwahr: ein Sänger und ein Held!

Der Schaffensdrang aber ließ ihn nicht ruhen. Schon am 14. Januar meldete er Goethe, er versuche sich für den Demetrius in die gehörige Stimmung zu versetzen, und am 20. Januar schrieb er seinem Körner: „Sowie das Eis anfängt zu tauen, geht auch mein Herz und mein Denkvermögen wieder auf, welches beides in den harten Wintertagen ganz erstarrt war. So lang der Winter nun dauert, bin ich unaufhörlich von meinem Katarrh geplagt, der mich in der That sehr angreift und fast allen Lebensmut ertötet. An eine glückliche, freie

Thätigkeit war bei solchen Umständen nicht zu denken. Um nun nicht ganz müßig zu sein und doch durch einige Arbeit über die harte Periode mir hinüberzuhelfen, habe ich die „Phädra" von Racine übersetzt." Diese wohlgelungene Uebersetzung kam am 30. Januar in Weimar zur Aufführung; namentlich der Herzog fand große Freude an der Vorstellung. Es war das letzte, was Schiller für die Bühne zu schaffen vergönnt war.

Karoline von Wolzogen schreibt, daß gerade im letzten Winter das innerliche Leben im Hause ein sehr reiches gewesen sei, und daß eine unaussprechliche Milde Schillers ganzes Wesen durchdrungen habe; in ihm war „ein wahrer Gottesfriede." In solchem Gottesfrieden hat er diese irdische Welt auch verlassen.

Im März gab er sich ganz der Arbeit an seinem großen dramatischen Entwurfe „Demetrius" hin. „Ich habe mich," schrieb er an Goethe, „mit ganzem Ernst an meine Arbeit angeklammert und denke nun nicht mehr so leicht zerstreut zu werden. Es hat schwer gehalten, nach so langen Pausen und unglücklichen Zwischenfällen wieder Posto zu fassen, und ich mußte mir Gewalt anthun. Jetzt aber bin ich im

Zuge." Leider hat der Tod seine Einwilligung zu der Vollendung dieses überaus großartig angelegten Dramas nicht gegeben. Niemand ist bis heute imstande gewesen, es ganz im Geiste des Meisters zu vollenden. Es hat eben nur einen Schiller gegeben!

Noch einmal schienen die erwachten linden Frühlingslüfte ihre belebende Wirkung auf den siechen Leib des Dichters auszuüben. Eine seltsame Reisesehnsucht kam über ihn — ein heißes Verlangen, das Meer, vor allem aber die Schweiz zu sehen. Es war eine Art Heimweh nach den Stätten, wo seine vollendetste Dichtung ihren Schauplatz hat. Und dann war es das lange nicht wiedergesehene Bauerbach mit seinen Fichtenwäldern und Bergschluchten, wohin die Sehnsucht ihn im Geiste führte. Hier hatte er ja einst sein müdes Haupt mit dem seligen Gefühl, endlich frei und geborgen zu sein, niederlegen können.

Am 25. April schrieb er seinem Körner: „Die bessere Jahreszeit läßt sich endlich auch bei uns fühlen und bringt wieder Mut und Stimmung; aber ich werde Mühe haben, die harten Stöße seit neun Monaten zu überwinden, und ich fürchte, daß doch etwas davon zurückbleibt. Die Natur hilft sich zwischen vierzig und fünfzig nicht mehr so wie im dreißigsten Jahre. Indessen will ich mich zufrieden geben, wenn mir nur Leben und leidliche Gesundheit bis zum fünfzigsten Jahre aushält."

Dieser Brief war der letzte von den vielen, die der treue Freund aus Schillers Händen empfangen hat. Auch Goethe erhielt ziemlich gleichzeitig die letzten, in schönen und kühnen Zügen geschriebenen Zeilen. Er bewahrte sie auf als ein Heiligtum, und wenn er sie in späteren Jahren vertrauten Freunden zeigte, pflegte er zu sagen: "Er war ein prächtiger Mensch, und bei völligen Kräften ist er von uns gegangen."

Die Sorge für seine Kinder lag dem edlen Kranken sehr am Herzen. Auf seinem letzten Spaziergange, den er in Begleitung der Schwägerin im Park machte, sagte er: "Wenn ich nur soviel für die Kinder zurücklegen kann, daß sie vor Abhängigkeit geschützt sind, denn der Gedanke an eine solche ist mir unerträglich."

An seinen Tod dachte Schiller mit der Gemütsruhe des wahrhaften Weisen. "Der Tod," äußerte er in diesen Tagen, "kann kein Uebel sein, da er etwas allgemeines ist." Doch ahnte er wohl nicht, wie nahe ihm sein Ende war. Am Abend des 28. April sahen er und Goethe sich zum letzten Male. Sie trennten sich an Schillers Hausthür; dieser wollte ins Theater und forderte den Freund auf, mitzukommen. Goethe aber, der sich nicht wohl fühlte, verzichtete auf den Besuch der Vorstellung. Auf dem Heimwege äußerte Schiller, „sein Zustand sei ganz seltsam; an der linken Seite, wo er seit langen Jahren immer Schmerz gefühlt, fühle er jetzt garnichts mehr." Bei der Sektion erhielt man die Erklärung dieses seltsamen Zustandes: der linke Lungenflügel war völlig zerstört!

Als Voß am ersten Mai bei dem Freunde eintrat, fand er ihn im Fieber. „Da liege ich wieder," sagte er mit hohler Stimme. Noch einmal suchte er sich aufzuraffen. Er empfing den Besuch mehrerer Freunde und arbeitete mit zitternder Hand am Demetrius. Bis zum sechsten Tage blieb sein Bewußtsein ungetrübt; dann fing er an, häufig abgebrochen zu sprechen. Als ein ihm unsympathisches Blatt ins Zimmer gebracht wurde, sagte er: „Thut es doch gleich hinaus, daß ich in Wahrheit sagen kann, ich habe es nie gesehen! Gebt mir Märchen und Rittergeschichten; da liegt doch der Stoff zu allem Schönen und Großen." Am folgenden Tage wollte er sich mit der Schwägerin über litterarische Gegenstände unterhalten. Diese antwortete wenig, um möglichst jeder Erregung bei dem Kranken vorzubeugen. Da sagte er wehmütig: "Nun, wenn mich niemand mehr versteht, so will ich lieber schweigen." Er sprach viel im Schlaf; kurz vor dem Erwachen: "Ist das eure Hölle, ist das euer Himmel?" Dann blickte er sanft lächelnd empor, als hätte er eine tröstliche Erscheinung.

Als abends Karoline Abschied nahm, sagte er: "Ich denke diese Nacht zu schlafen, wenn es Gottes Wille ist." Am folgenden Tage antwortete er auf die Frage der Schwägerin, wie es ihm gehe: "Immer besser, immer heiterer." Das waren die letzten Worte, die sie von den Lippen des teuren Sterbenden vernahm. Noch am vorletzten Tage betrachtete er sein jüngstes Töchterchen mit Freude und Wohlgefallen; es war der Mutter, als wollte er ihm seinen Segen geben. Gegen Abend wünschte er, man möge den Vorhang öffnen, damit er die Sonne sehen könne. Sein heiterer Blick fiel in den schönen Abendsonnenstrahl — es war sein Abschiedsgruß an die Natur! In der Nacht sprach er, wie der treue Diener bezeugte, viel vom Demetrius. Einigemale rief er Gott an, ihn vor einem langsamen Hinsterben zu bewahren. Seine Bitte ward erhört.

In der Frühe des nächsten Morgens trat Besinnungslosigkeit ein. Ein Glas ihm vom Arzte verordneten Champagners war sein letzter Trunk. Dann forderte er noch mit gebrochener Stimme Naphta, konnte aber die letzte Silbe nicht mehr herausbringen.

Nachmittags gegen 3 Uhr begann der letzte Kampf. Lotte kniete an seinem Bette. Noch kann sie dem Lebenden ihre unbeschreiblich innige Liebe beweisen, indem sie sein Haupt in eine bequemere Lage zu bringen sucht. Da erkennt er sie und lächelt sie an: sie lehnt ihr Antlitz an sein Haupt — er küßt sie! Ihr galt das letzte Zeichen seines Bewußtseins. — Die Schwägerin stand neben dem Arzt am Fußende des Bettes und legte von Zeit zu Zeit warme Kissen auf die erkaltenden Füße. Die Kinder waren eingetreten. Der älteste Knabe lag schluchzend auf dem Fußboden, Ernst, der zweite, weinte still; Karoline, die älteste Tochter, war der Mutter zur Seite. Da fährt es plötzlich — es war um die sechste Abendstunde — wie ein elektrischer Schlag über die edlen Züge des Sterbenden; sein Haupt sinkt zurück — er hat vollendet. — Himmlische Ruhe verklärt sein Antlitz. — — — — —

Friedrich Schiller starb am 9. Mai 1805 — fünf und vierzig Jahre, fünf Monate und neun und zwanzig Tage alt.

Wer vermöchte die Wirkung dieses Sterbefalles in der Nähe wie in der Ferne zu beschreiben! Wir sagen es unserm Vaterlande zu seiner Ehre nach, daß ein Ton der Klage durch seine Gauen ging. — In Weimar war Theaterabend, doch kein Schauspieler wollte spielen — die Vorstellung mußte abgesagt werden.

Goethe war in jenen Tagen selbst schwer krank. Niemand hatte den Mut, ihm die Trauerbotschaft zu bringen. „Ich merke es," sagte er zu denen, die bei ihm waren, „Schiller muß sehr krank sein." Keiner antwortete darauf. In der Nacht hörte man ihn leise weinen. Am Morgen fragte er eine Freundin: „Nicht wahr, Schiller war gestern sehr krank?" Sie kann nicht antworten, sondern nur laut aufschluchzen. Da bedeckt Goethe seine Augen mit den Händen und sagt mit dumpfer Stimme: „Er ist tot." —

Da hör' ich schreckhaft mitternächt'ges Läuten,
Das dumpf und schwer die Trauertöne schwellt.
Ists möglich, soll es unsern Freund bedeuten,
An den sich jeder Wunsch geklammert hält?
Den Lebenswürd'gen soll der Tod erbeuten?
Ach! wie verwirrt solch ein Verlust die Welt!
Ach! was zerstört ein solcher Riß den Seinen!
Nun weint die Welt, und sollten wir nicht weinen?

Nur ein Goethe vermochte für seine Trauer einen Ausdruck zu finden wie diese und die übrigen herrlichen Strophen in seinem „Epilog zu Schillers Glocke."

In der Mitte des schönen Friedhofes von Weimar erhebt sich ein einfacher, in edlem Stil erbauter Grabtempel. Aus der inneren, von oben erhellten Rotunde führt linker Hand eine Steintreppe in ein tiefes, mit eisig kalter Luft erfülltes Gewölbe. Es ist die Familiengruft, in welcher der edle Herzog Karl August ruht. Nicht weit von seiner Schlummerstätte stehen zwei völlig gleiche Sarkophage von braunem Eichenholz. Beide tragen als Inschrift nur einen Namen; auf dem einen steht mit Metallbuchstaben: „Goethe," auf dem zweiten: „Schiller."

Wie hat der treffliche Fürst sich durch die Aufnahme dieser beiden in seine Fürstengruft selbst geehrt! Wahrlich, ebenbürtigere und vor=

nehmere Genossen hätte er nicht finden können.

Die Feier seines hundertjährigen Geburtstages am 10. November 1859 hat bewiesen, daß Friedrich Schiller des deutschen Volkes Lieblingsdichter ist. Möge dieses sich seine Idealgestalt nicht nur in Wort und Bild, sondern im innersten Herzen lebendig erhalten!

Denn wir können ihn nicht entbehren. Noch ist des verklärten Sängers schöner und doch so wehmütig-trüber Ausspruch bittere Wahrheit — wann kommt die Zeit, da man es nicht mehr behaupten dürfte? —:

> In des Herzens heilig stille Räume
> Mußt du fliehen aus des Lebens Drang!
> Freiheit ist nur in dem Reich der Träume,
> Und das Schöne blüht nur im Gesang.

Vergiß es nicht mein Volk, was du deinem großen Lehrer und Erzieher schuldig bist, ob auch etliche falsche Propheten aufstehen und dich ganz anders lehren mögen, als er es thut!

> Dich erwähl ich zum Lehrer, zum Freund. Dein lebendiges Bilden
> Lehrt mich, dein lehrendes Wort rühret lebendig mein Herz!